FRIEDRICH DER GROSSE

Das Politische Testament
von 1752

AUS DEM FRANZÖSISCHEN
ÜBERTRAGEN VON
FRIEDRICH VON OPPELN-BRONIKOWSKI

MIT EINEM NACHWORT VON
ECKHARD MOST

PHILIPP RECLAM JUN. STUTTGART

Originaltitel: Testament Politique

Universal-Bibliothek Nr. 9723
Alle Rechte vorbehalten
© 1974 Philipp Reclam jun. GmbH & Co., Stuttgart
Bibliographisch erneuerte Ausgabe 1987
Die Übersetzung erscheint mit Genehmigung
des Verlages Reimar Hobbing, Berlin
Gesamtherstellung: Reclam, Ditzingen. Printed in Germany 2001
RECLAM und UNIVERSAL-BIBLIOTHEK sind eingetragene Marken
der Philipp Reclam jun. GmbH & Co., Stuttgart
ISBN 3-15-009723-1

www.reclam.de

Einleitung[1]

Die erste Bürgerpflicht ist, seinem Vaterlande zu dienen. Ich habe sie in allen verschiedenen Lagen meines Lebens zu erfüllen gesucht. Als Träger der höchsten Staatsgewalt hatte ich die Gelegenheit und die Mittel, mich meinen Mitbürgern nützlich zu erweisen. Meine Liebe zu ihnen gibt mir den Wunsch ein, ihnen auch nach meinem Tode noch einige Dienste zu leisten. Doch bin ich nicht so anmaßend zu glauben, daß mein Verhalten denen, die meinen Platz einnehmen werden, zur Richtschnur dienen soll. Ich weiß, daß der Augenblick des Todes den Menschen und seine Pläne vernichtet und daß alles in der Welt dem Gesetz des Wandels unterliegt. Mit der Abfassung dieses politischen Testaments verfolge ich daher keine andere Absicht, als einem Piloten gleich, der die stürmischen Zonen des politischen Meeres kennt, meine Erfahrungen der Nachwelt mitzuteilen. Ich will die Klippen angeben, die sie zu meiden hat, und die Häfen, wo sie Zuflucht finden kann. Ich lasse mich nicht auf kleine Einzelheiten ein, sondern behandle alle Gegenstände im großen, da ich überzeugt bin, daß alle, die selbst das Staatsruder führen werden, mich zur Genüge verstehen.

Die Regierung beruht auf vier Hauptpfeilern:

> auf der Rechtspflege,
> weiser Finanzwirtschaft,
> straffer Erhaltung der Mannszucht im Heere
> und endlich auf der Kunst, die geeigneten Maßnahmen zur Wahrung der Staatsinteressen zu ergreifen, das heißt, auf der Politik.

Gehen wir diese verschiedenen Zweige der Reihe nach durch.

---

1. Am Eingang des Testaments steht die Angabe des Königs: »Ich habe dieses Werk im Jahre 1752 verfaßt, im Monat April begonnen und im Monat Juli beendet.«

Rechtspflege

In eigener Person Recht zu sprechen ist eine Aufgabe, die kein Herrscher übernehmen kann, ein König von Preußen noch weniger als ein anderer. Die unendlichen Einzelheiten eines einzigen Rechtshandels würden die Zeit verschlingen, die er vorzugsweise anderen Zweigen der Regierung widmen muß. Spricht der Fürst aber auch nicht selber Recht, so folgt daraus nicht, daß er die Rechtspflege vernachlässigen darf. Ich habe in Preußen auf dem Gebiet des Zivilprozesses Gesetze vorgefunden, die, statt den Parteien zu helfen, die Rechtshändel verwirrten und die Prozesse in die Länge zogen. Daraufhin erteilte ich dem Großkanzler Cocceji den Auftrag zu einer Gesetzesreform auf der Grundlage der natürlichen Billigkeit. Der hochverdiente Beamte führte meinen Willen zur allgemeinen Zufriedenheit aus.[1] Fest steht, daß Ungerechtigkeiten jetzt seltener als früher vorkommen, daß die Richter unbestechlicher, die Prozesse kürzer sind und daß nur wenig Rechtshändel bei den Gerichtshöfen schweben. Es wäre zu wünschen, daß die Herrscher ihr besonderes Augenmerk auf die gute Besetzung des Großkanzleramtes richteten und Männer von der Rechtschaffenheit, Geschicklichkeit und lauteren Gesinnung Coccejis dafür fänden. Nur so läßt sich das Gute, das er für den Staat geleistet hat, erhalten. Ja, die Wahl dieser Persönlichkeit muß mit um so mehr Kenntnis und Überlegung erfolgen, als der Herrscher einen Teil seiner Autorität in ihre Hände legt und sie zum Schiedsrichter über Hab und Gut der Bürger macht.

Bei der Unvollkommenheit aller menschlichen Dinge sehen wir die besten Einrichtungen entarten. Daher muß von Zeit

1. Für die Coccejische Justizreform vgl. *Die Werke Friedrichs des Großen*, in deutscher Übersetzung herausgegeben von G. B. Volz (10 Bände, Berlin 1912–14), Bd. 3, S. 7 f. Diese Ausgabe wird im folgenden zitiert als »Gesammelte Werke«.

zu Zeit, wo es nötig ist, die bessernde Hand angelegt werden, damit die Einrichtungen ihren ursprünglichen Zweck wieder erfüllen.

Ich habe mich entschlossen, niemals in den Lauf des gerichtlichen Verfahrens einzugreifen; denn in den Gerichtshöfen sollen die Gesetze sprechen, und der Herrscher soll schweigen. Aber dies Stillschweigen hat mich doch nicht daran gehindert, die Augen offenzuhalten und über die Aufführung der Richter zu wachen. So ist die Einrichtung getroffen, daß zwei Räte des höchsten Gerichtshofes alle drei Jahre die Provinzen bereisen, die Aufführung der Richter prüfen und jeden, der sich etwas zuschulden kommen läßt, zur Anzeige bringen. Man darf mit den Pflichtvergessenen kein Erbarmen haben: die Stimme der Witwen und Waisen fordert Vergeltung, und Sache des Fürsten ist es, die Beamten zu ihrer Pflicht anzuhalten und streng gegen die vorzugehen, die seine Autorität mißbrauchen und das öffentliche Vertrauen unter dem Vorwand von Recht und Gerechtigkeit täuschen. Gerade gegen derartige Fälle von Pflichtvergessenheit muß ich die äußerste Strenge anraten; denn der Herrscher macht sich gewissermaßen zum Mitschuldigen an den Verbrechen, die er unbestraft läßt.

Finanzwirtschaft

Soll das Land glücklich sein, will der Fürst geachtet werden, so muß er unbedingt Ordnung in seinen Finanzen halten. Noch nie hat eine arme Regierung sich Ansehen verschafft. Europa lachte über die Unternehmungen Kaiser Maximilians, der habgierig zusammenraffte und verschwenderisch ausgab und daher nie Geld hatte, wenn er etwas unternehmen wollte. Die Italiener, die ihn kannten, sie nannten ihn ›Massimiliano senza denari‹. In unseren Tagen haben wir gesehen, wie die Zerrüttung der Finanzen beim Tode Karls VI. die Königin von Ungarn zur Annahme von englischen Subsidien nötigte. Das brachte sie in die Knechtschaft König Georgs und kostete sie die Abtretung mehrerer schöner Provinzen an Preußen und Sardinien.[1] Da die kluge Fürstin gesehen hat, wie sehr der Geldmangel ihren Angelegenheiten schadete, arbeitet sie jetzt mit stetem Fleiß an der Reform dieser Mißwirtschaft. Wären Sachsens Finanzen gut verwaltet gewesen, so hätte es in dem Kriege, der im Jahre 1740 ausbrach, eine Rolle spielen können. Da es aber stark verschuldet war, so verdingte es sich an den Meistbietenden und war allenthalben unglücklich. August III. gewann nichts im Bunde mit uns und den Franzosen und wurde zu Boden geschmettert, als ihn die englischen Subsidien zum Kriege gegen Preußen gebracht hatten.[2] Wären seine Kassen gefüllt gewesen, so hätte er seine Interessen nicht für

---

1. Im Aachener Frieden (1748) trat Maria Theresia an Karl Emanuel III. alles lombardische Land am rechten Ufer des Lago Maggiore und des Tessin ab.
2. August III., der zu Beginn des Ersten Schlesischen Krieges auf Österreichs Seite stand, verbündete sich dann mit Frankreich und schloß einen »Partagetractat« mit Bayern, dem König Friedrich am 1. November 1741 beitrat. Nach dem Friedensschluß mit Maria Theresia am 23. Juli 1742 vollzog König August wiederum den Übertritt auf Österreichs und Englands Seite. Vgl. Ges. Werke, Bd. 2, S. 84, 155 und 195 ff.

so mäßige Summen zu verkaufen brauchen. Holland, das das Joch seiner Tyrannen abschüttelte und von da an bis nach dem Spanischen Erbfolgekrieg eine so große Rolle in Europa spielte, zählt heute kaum noch zu den Großmächten, weil die Regierung tief in Schulden steckt und, was noch schlimmer ist, keinen Kredit hat. Fährt Frankreich mit seiner jetzigen Mißwirtschaft fort, so kann es trotz seiner Machtfülle in Verfall geraten und seinen Nebenbuhlern verächtlich werden.

Diese Beispiele zeigen, daß keine Macht sich ohne geregelte Finanzwirtschaft Ansehen zu verschaffen vermag. Wenn schon Holland, Sachsen und Frankreich sich infolge ihrer schlechten Wirtschaft zugrunde richten, so wäre es um Preußen für immer geschehen, wollte es ihrem Vorgange folgen, denn seine Macht beruht nicht auf innerer Kraft, sondern allein auf seinem Gewerbefleiß. Es ist eine alte Wahrheit: Preußen hat keine anderen Hilfsquellen als seine festen Einnahmen, und man kann im Falle der Bedrängnis vom eigenen Lande nur eine Anleihe von höchstens zwei Millionen erwarten.[3] Wir besitzen weder ein Peru noch reiche Handelskompagnien noch eine Bank noch soviel andere Hilfsquellen wie Frankreich, England und Spanien, aber durch Gewerbefleiß können wir dahin gelangen, neben ihnen eine Rolle zu spielen.

Die Finanzwirtschaft beruht auf Pünktlichkeit in den Einnahmen und auf Ordnung in den Ausgaben.

EINNAHMEN

Die Finanzeinnahmen umfassen sehr verschiedene Zweige. Alles, was Akzise und Kontribution heißt, gehört zum Bereich der Kriegskasse[4].

3. Von der Kurmärkischen Landschaft (vgl. S. 21 f.).
4. Die Kriegs- und die unten genannte Domänenkasse unterstanden den Kriegs- und Domänenkammern. Diese, eine Schöpfung König Fried-

Die Einnahmen der Kriegskasse und ihre Verwaltung

Die Kontributionen sind Auflagen, die von den Grundherren und Bauern entrichtet werden.[5] Sie sind für das ganze Land nach abgestuften Taxen geregelt. Jeder Kreis zahlt sie in der nächsten Stadt, von wo die Gelder zum Provinzialeinnehmer geschickt werden. Also hat in jeder Provinz der Einnehmer das Geld aus der Kontribution in seiner Kasse. Damit er das Land nicht bestehlen kann, wird seine Kasse alle Monate revidiert, und ergibt sich die geringste Betrügerei, so wird er auf der Stelle verhaftet, und seine Kaution wird beschlagnahmt. So erleidet das Land niemals Verluste. Was es bezahlt, dient zum Unterhalt der Truppen. Ich habe diese Kassen in ziemlich großer Unordnung vorgefunden. Die Einnehmer legten niemandem Rechnung, und wenn sie gestohlen hatten, so bürdeten sie den Provinzen aus eigener Machtvollkommenheit einen Kontributionsmonat mehr auf, als sie zu bezahlen hatten. Jetzt ist es bei Todesstrafe verboten, einen Groschen Kontribution mehr ohne einen Befehl von meiner Hand aufzuerlegen, und den Befehl hüte ich mich wohl zu geben; denn der Edelmann und der Bauer dürfen niemals bedrückt werden. Im Gegenteil ist es Pflicht, ihre Lage möglichst aufzubessern. Nur in einem einzigen Falle dürfen die Kontributionen erhöht werden, wenn nämlich der Preis für die Lebensmittel auf das Doppelte ihres jetzigen Marktwertes steigt und dauernd auf dieser Höhe bleibt. Dann müßte man den Sold der Soldaten erhöhen und die Gehälter vermehren. Das aber wäre ohne Vermehrung der Staatseinkünfte undurchführbar.

Die Akzise[6] ist der zweite Fonds der Kriegskasse. Sie ist von allen Auflagen die gerechteste. Sie belastet die Armen nicht: Brot, Fleisch, Bier müssen wohlfeil sein. Sie trifft nur

rich Wilhelms I., bildeten die oberste Verwaltungsbehörde der Provinz, wie das Generaldirektorium die Zentralbehörde der Monarchie.
5. Eine Grundsteuer, verbunden mit einer Kopf- und Gewerbesteuer, die von den Landbewohnern ohne Grundbesitz bezahlt wurde.
6. Sie war eine indirekte Steuer und wurde von den Städten bezahlt.

den Luxus der Wohlhabenden. Jede Provinz hat ihren Tarif, der für die Steuerbeamten maßgebend ist. Da aber die Akzise, wenn sie schlecht aufgelegt wird, den Handel und die Manufakturen schwer schädigen kann, so habe ich die Tarife ungefähr nach folgenden Grundsätzen verbessert: Freie Einfuhr für die Rohstoffe, die unsere Manufakturen verarbeiten, wie ausländische Wolle, Seide usw. Zollfreie Ausfuhr für alle bei uns hergestellten Erzeugnisse, um ihren Absatz im Ausland zu steigern und entsprechend mehr Arbeiter bei uns zu halten. Hohe Zölle auf ausländische Erzeugnisse und Fabrikwaren wie Tuche, Stoffe, Etamin, Strümpfe, Hüte, Gläser, Spiegel, Tressen, Eisen- und Goldschmiedewaren usw., die wir entbehren können, weil sie im Lande selbst angefertigt werden, und auf Erzeugnisse wie ausländisches Getreide, Bier, Kaffee, Zimt, bestimmte Weine usw. Diese Auflagen belasten nur die Wohlhabenden, verhindern stillschweigend den Geldabfluß ins Ausland und beleben die Manufakturen. Auf Ermunterung der Manufakturen bestehe ich so nachdrücklich aus folgenden Gründen:

1. Wird das, was man sonst von den Nachbarn kaufen müßte, im Inlande hergestellt, so bleibt das Geld im Lande.

2. Eigene Erzeugnisse können an die Nachbarn geliefert werden, z. B. an Polen, Rußland, Schweden, Dänemark. Dadurch legt man ihnen eine Art freiwilliger Steuer auf, die sie unserer heimischen Industrie zahlen.

3. Man zieht Leute, die Untertanen der Nachbarn waren, ins Land und läßt sie von Fremden ernähren.

4. Durch eigenen Gewerbefleiß bringt man alljährlich beträchtliche Summen ins Land.

5. Man bevölkert die Städte und gewinnt neue Untertanen. Die Untertanen aber sind der wahre Reichtum der Fürsten.

6. Man vermehrt die Einkünfte der Akzise durch den Verbrauch der neuen Arbeiter; doch das nur nebenbei.

Die Akzise der Städte gehört zum Bereich der Kammer in

jeder Provinz und bildet nebst der Kontribution den Fonds, aus dem die Truppen in jeder Provinz bezahlt werden. Die Präsidenten der Kriegs- und Domänenkammern sehen den Akzisebeamten dauernd auf die Finger, um Veruntreuungen zu verhüten. Seit 1746 hat Wachsamkeit im Verein mit den guten Erträgen der letzten Jahre zu einer Vermehrung der Einnahmen um 140 000 Taler geführt. Die Folge ist, daß das Einkommen der Kriegskasse sowohl in den alten Provinzen wie in Schlesien 7 Millionen übersteigt.

Außerdem braucht die Kriegskasse einen Fonds von 680 000 Talern, um der Armee, sobald sie ins Feld rückt, einen Monat Sold vorschießen zu können. Dieser Fonds muß wie ein Heiligtum unantastbar bleiben.

Domänenkasse

Die Einkünfte aus den Krongütern (die mein Vater stark vermehrt hat), aus Salinen, Forsten, Zöllen, Post und Münze, alles zusammen bildet den Fonds, über den die Domänenkasse verfügt.

Die Domänen sind auf alle Provinzen verteilt und als Ämter organisiert. Als Regel gilt, sie alle sechs Jahre neu zu verpachten, weil man bei jedem neuen Abschluß den Pachtzins erhöht. Bei der Nachprüfung findet sich stets auf den Gütern hier und dort neues urbar gemachtes Land, das zur Erhöhung der Einkünfte beiträgt. Das würde man verlieren, wenn man den Kontrakt auf zwölf Jahre verlängerte, wie die Pächter es wünschen.

Bei der Verwaltung der Krongüter ist streng darauf zu sehen, daß der Amtmann die Bauern nicht drückt und daß er auf den von ihm gepachteten Gütern nicht despotisch schaltet. Ich würde der Nachwelt zur Vermehrung der Ämter nicht raten.[7] Diese Politik mag für kleine Fürsten gut sein, taugt aber nichts für den König von Preußen, der für

---

7. Anspielung auf den Fürsten Leopold von Anhalt-Dessau, dessen Beispiel Friedrich Wilhelm I. gefolgt war.

den Heeresdienst einen zahlreichen Adel braucht. Man wende mir nicht ein, daß man Ausländer heranziehen kann. Auf den Einwand kann ich aus eigener Erfahrung erwidern, daß der fremde Adel niemals mit dem gleichen Eifer dient wie der einheimische, daß die Ausländer in einem so strengen Dienste wie dem preußischen schnell die Lust verlieren, ihn aus den frivolsten Gründen quittieren und in fremde Dienste gehen, die sie mit den bei uns erworbenen Kenntnissen bereichern.

Das bedeutende Einkommen aus den Salinen fließt ebenfalls in die Domänenkasse. Die Salinen befinden sich zum Teil in Halle und Salze; ich habe auch noch andere in der Grafschaft Mark und im Fürstentum Minden angelegt. Alle Provinzen, Schlesien einbegriffen, beziehen von ihnen ihr Salz. Weitere Absatzgebiete sind Sachsen, ein Teil von Böhmen (durch Schmuggel), Mecklenburg, Franken und ein kleiner Teil des Münsterlandes. Eine große Zahl von Beamten ist angestellt, um die Einfuhr ausländischen Salzes in die Provinzen zu verhindern. Die beste Maßregel aber, die man sich gegen den Schmuggel ausgedacht hat, besteht darin, daß man das Salz auf die Familien nach ihrer Kopfzahl verteilt, was sie sicher davon abhält, es anderswo zu kaufen.

Der Holzverkauf bildet eine gute Einnahmequelle in Pommern, in der Alt-, Mittel- und Neumark. Es ist Fürsorge getroffen, alle Jahre neu aufzuforsten. Dadurch bleiben in den Wäldern, auch wenn man genug Weideland für die Schafe läßt, die Baumarten, die mit Ausnahme der Eichen schnell wachsen, dauernd erhalten. Der Verkauf dieser Hölzer bringt aus Frankreich, Dänemark und Schweden alljährlich über 100 000 Taler ein.

Auch die Stromzölle der Memel, des Pregels, der Oder, der Elbe, der Weser, des Rheins und der Maas bilden einen einträglichen Zweig der Domänenkasse. Diese Zölle haben großen Einfluß auf den Handel. Sind sie schlecht geregelt, so ist die Folge die gleiche wie bei der Akzise: sie legen den Kaufleuten Fesseln an und ersticken die Industrie. Ich habe eine Bilanz der Elb- und Oderzölle aufstellen lassen. Um den Stettiner Handel auf Kosten des hamburgischen zu begünstigen, habe ich die Taxe für die (nicht verbotenen) Waren, die auf der Oder kommen, herabsetzen lassen, so daß die französischen Weine, Gewürze und Farben für die Färbereien über Stettin billiger kommen als über Hamburg. Das wird unbedingt dahin führen, daß dieser ganze Handel in die Hände unserer Kaufleute gelangt, die dann mit der Zeit die Zwischenhändler von Sachsen, Polen und Böhmen werden können. Im übrigen werden bei der Auflage der Zölle die gleichen Regeln befolgt wie beim Akzisetarif.

Die Post ist für Preußen sehr wichtig, weil wir den ganzen Kurs von Memel bis Geldern besitzen, ungerechnet den von Magdeburg nach Hamburg und die Querlinien. Bei viel Sorgfalt und Aufmerksamkeit kann sie noch sehr ausgestaltet werden, sobald man neue Linien hinzufügt, was wohl möglich ist, wenn man es richtig anfaßt.

Die Errichtung der Münze ist eigentlich erst meinen Bemühungen zu danken. Wir hatten niemanden, der die nötigen Kenntnisse der Finanzwissenschaft besaß. Ich hörte von Graumann reden und ließ ihn daraufhin kommen.[8] Seine Grundsätze sind folgende: Die Metalle sind eine Ware. Der Staat, der sie am höchsten bezahlt, kann am meisten davon bekommen. Wer den Preis der Mark Silber bis 15 Taler hinauftreibt, wird der einzige sein, der Silber prägt. Und vermittels seiner Münze wird er Gold erhalten, soviel er will. Das wirkliche Verhältnis von Gold zu Silber ergibt sich dadurch, daß man alle Wechselkurse von Europa vergleicht und eine Zahl ausmittelt, die in allen Fällen paßt. Das ist die Mark zu 15 Talern. Nach diesem Plan arbeiten

---

8. Johann Philipp Graumann wurde 1750 aus dem Braunschweigischen als Münzdirektor nach Berlin berufen. Der nach ihm benannte »Graumannsche Münzfuß« bildete die Grundlage des neuen Münzsystems, das Preußen vom Auslande unabhängig machte, und den »ersten Schritt zur deutschen Münzeinheit, die 100 Jahre später errungen wurde«. Die Hoffnungen auf einen großen finanziellen Ertrag, die der König an die Reform des Münzwesens knüpfte, erfüllten sich freilich nicht.

wir. Die Absicht besteht, Münzstätten in Königsberg, Stettin, Breslau, zwei in Berlin, eine in Magdeburg, eine in Cleve, eine in Aurich und eine in Neuchâtel zu errichten. Die kleine Berliner Münze prägt nur kleine Geldsorten mit neun Prozent Gewinn. Dafür kauft man Gold und Silber zu höherem Preise, wodurch man noch 5 vom Hundert gewinnt. Sobald alle diese Münzstätten eingerichtet sind, wird man jährlich 20 Millionen prägen können, also etwa soviel wie die Bilanzen, die Portugal und Spanien jährlich an Europa zahlen. Die Folgen dieser Einrichtung sind, daß wir den Wechselkurs an uns ziehen, da wir die einzigen sind, die Münzen prägen. Wer Silbersendungen zu machen hat, wird sich an uns wenden müssen, und nota bene, dieser günstige Wechselkurs ist das allerhöchste Glück für einen Staat. Aus diesem einzigen Zweige gewinnt der Herrscher eine Million und mehr an Einkünften, ungerechnet den Gewinn der Kaufleute, der halb soviel betragen kann.

Alle diese verschiedenen Einnahmen fließen in die Domänenkasse. Sie braucht 360 000 Taler im voraus, um die Pensionen und Gehälter pünktlich zu zahlen und am letzten Tage des Rechnungsjahres, der ins Trinitatisquartal fällt, ihren Abschluß zu machen. Gegenwärtig sind 160 000 Taler in der Domänenkasse. Die noch fehlenden 200 000 werden im Jahre 1755 darin sein, wenn ich am Leben bleibe.

Behörden der Domänenverwaltung

In jeder Provinz gibt es eine Domänenkammer, bestehend aus einem Präsidenten und einer bestimmten Anzahl von Räten. Sie haben teils die Pachtverträge für die Ämter abzuschließen, teils führen sie die Aufsicht über die Holzverkäufe, über die Deiche, Chausseen und Gewässer, teils über die Städte, die Akzise, die Polizei und die Manufakturen. Alle Kammern haben den Etat von den Einnahmen ihrer Provinz, und ihre Mitglieder sorgen dafür, daß die Erhebung genau, pünktlich und ordnungsmäßig erfolgt.

Jede Kammer hat zur Richtschnur eine Instruktion, von der
sie nicht abzugehen wagt. Da alle Instruktionen sich in den
Händen der Präsidenten befinden, so erspare ich mir die
Wiedergabe ihres Inhaltes.

Alle diese Provinzialbehörden unterstehen mit Ausnahme
der von Schlesien dem Generaldirektorium, das alle Sachen
von geringer Bedeutung selbst regelt, die wichtigsten aber
dem König einsendet und ihm den Sachverhalt mit Angabe
von Für und Wider darlegt. Das Generaldirektorium verfügt über einen Fonds von 150 000 Talern[9] für Steuernach-
laß an die Provinzen, für Wiederaufbau von verbrannten
Gehöften, für Wiederankauf von eingegangenem Vieh in
den Ämtern, für Aufbau von verbrannten Mühlen, Kirchen,
Dörfern usw. Außer diesen 150 000 Talern haben Ostpreußen und Litauen noch 140 000 Taler für den gleichen Zweck.
Die Provinzialbehörden erstatten dem König jeden Monat
eingehenden Bericht über die Lage der Provinz und den
Stand der Kasse und stellen eine Bilanz über die Einnahmen an Zoll und Akzise während des letzten Monats und
des gleichen Monats im Vorjahre auf. Alle Jahre nach Tri-
nitatis übersenden sie eine Handelsbilanz auf Grund der
Akzisenliste, aus der die Ein- und Ausfuhr der verschiedenen Warengattungen hervorgeht. Daraus läßt sich ersehen,
welche Manufakturen bei uns fehlen und welche neu errichtet werden können. Ferner ist nach der Bilanz des aus
dem Lande gehenden und des einkommenden Geldes der
Zustand unseres Handels und der der Provinzen mit Sicherheit zu beurteilen. Dabei ergibt sich, daß Preußen von den
Nachbarn im ganzen 6 Millionen und einige 100 000 Taler
gewinnt. Ferner kann man beurteilen, ob die einzelnen Provinzen bestehen können. So bezahlt die Neumark alles in
allem, Akzise, Kontribution und Domänen, 700 000 Taler.
Davon bleiben 520 000 Taler in der Provinz zur Bezahlung
der Gerichte und Truppen; 180 000 Taler werden nach Berlin

---

9. Die Extraordinarienkasse.

geschickt. Aus der Handelsbilanz ergibt sich, daß die Provinz 445 000 Taler dabei gewonnen hat. Zieht man also die Ausfuhr und die an die Krone bezahlten Summen ab, so bleiben noch jährlich 265 000 Taler, um die die Neumark reicher wird. Folglich kann sie bestehen, ja noch zunehmen. Man muß den Dingen auf den Grund gehen, um gut zu regieren.

Ebenso erhält der Herrscher jährlich eine Liste der Sterbe- und Taufregister von jeder Provinz. Daraus läßt sich die Zahl der Einwohner berechnen, was zu wissen sehr wichtig ist.

Am Schlusse des Rechnungsjahres schickt mir jede Provinz und jede Kasse ihre Generalabrechnung, in der alle Einkünfte, die Rückstände und die Überschüsse verzeichnet sind. Gegen den Monat Mai stellt das Generaldirektorium den neuen Etat auf. Aus ihm sind alle Einnahmen, der Ertrag der Meliorationen der verschiedenen Provinzen und ihre Bestimmung zu ersehen. Da ich über den Etat in dem Abschnitt über die Ausgaben sprechen werde,[10] so begnüge ich mich hier mit der bloßen Erwähnung.

Zur Besetzung aller dieser Finanzämter sind mehr Ehrenmänner erforderlich, als der Staat gewöhnlich hervorbringt. Zu glauben, die Welt sei von Bösewichtern bevölkert, heißt denken wie ein Menschenfeind. Sich einbilden, alle zweibeinigen Wesen ohne Federn seien Ehrenmänner, heißt sich wie ein Dummkopf täuschen. Ein Herrscher muß so viel Menschenkenntnis besitzen, um wenigstens an die Spitze der Provinzen ehrliche Männer zu stellen. Da ihre Zahl klein ist, so findet man sie leichter. Ich habe alte, ausgediente Offiziere zu Präsidenten gemacht, und ich bin mit ihnen besser gefahren als mit den in der Beamtenlaufbahn Emporgekommenen. Die Offiziere verstehen zu gehorchen und sich Gehorsam zu verschaffen, und wenn man ihnen irgend etwas zur Prüfung übergibt, führen sie es selber aus und mit größerer Zuverlässigkeit als die anderen. Aber da-

10. Vgl. S. 18 f.

mit ist nicht gesagt, daß jeder Offizier sich schlechthin für
diese Ämter eignet. Der Herrscher kann unmöglich alle kennen, die man ihm zu Domänenräten vorschlägt. Er muß sich
auf die verlassen, die sie vorschlagen, und alle fortjagen,
die der Untreue überführt sind. Bei Gelegenheit kann er solche Posten auch Offizieren geben, die von der Pike auf gedient haben, aber kränklich sind.

Was das Generaldirektorium betrifft, so ist es besser, daß
Leute von Verstand, wenn auch von zweifelhafter Redlichkeit, darin sitzen als dumme, aber ehrliche Leute. Sobald
der Herrscher sie kennt, kann er sie im Zaum halten und sie
zur Rechtschaffenheit zwingen. Sind sie aber einfältig, so
kann er mit ihnen nichts anfangen. Auch das ist zu beachten, daß man die Ämter mit den richtigen Leuten besetzt
und einen jeden nach seinen Talenten verwendet: den Ken-
ner der Landwirtschaft für Pachtsachen, den Mann der Ordnung für die Einrichtung der großen Kassen, den Gewerbe-
kundigen bei der Errichtung von Manufakturen usw.

Die zahlreichen Provinzen, aus denen der Staat besteht, er-
strecken sich der Länge nach über mehr als halb Europa. Da
sie unter verschiedenen Himmelsstrichen liegen und ihre
Lage Handel, Sitten und Gebräuche bedingt, so lassen sie
sich unmöglich bis ins einzelne nach gleichen Grundsätzen
regieren.

Ostpreußen bringt eigentlich nur Getreide und Flachs hervor; die Krone besitzt hier eine große Anzahl von Pacht-
ämtern. Da aber das rauhe Klima und die Überschwemmungen, denen die Provinz ausgesetzt ist, die Ernten oft vernichten, so muß man unaufhörlich in den Säckel greifen, um
den Schaden zu vergüten. Die Provinz ist fast ohne jede
Industrie und hätte viele gute Manufakturen nötig.

Die Kurmark, Pommern, Magdeburg und Halberstadt haben beinahe die gleichen Erzeugnisse und die gleiche Industrie. Diese Provinzen und mit ihnen Schlesien sind stets das
Hauptfeld meiner Tätigkeit gewesen, und zwar aus folgen-
dem Grunde: Sie bilden ein zusammenhängendes Gebiet,

sind das Herz des Staates und lassen sich militärisch behaupten, während die anderen Provinzen entfernt liegen und in bestimmten Fällen nicht verteidigt werden können. Pommern und die Kurmark verkaufen Holz, Getreide, Tuche und alle Sorten Wollenstoffe ans Ausland. Da ich aber weiterhin von den getroffenen und noch zu treffenden Maßnahmen zu sprechen beabsichtige, so sage ich hier nichts mehr.

Schlesien hat ganz abweichende Einrichtungen. Die Krone besitzt dort nur wenig Pachtämter. Die Kontributionen sind auf einem anderen Fuße geregelt. Geistlichkeit und Adel bezahlen hier im Verhältnis viel mehr als in irgendeiner anderen Provinz, und der Bauer weniger. Aus politischen Rücksichten ist der Bauer geschont worden, weil er die große Masse ausmacht, aber der Adel ist belastet, um bestimmte Magnaten uns vom Halse zu schaffen, die dem Hause Österreich anhingen. Sie haben ihre Güter in Schlesien denn auch größtenteils verkauft. Der Leinen- und Tuchhandel dieser schönen Provinz verdient Ermutigung durch die Herrscher. Die Leinwand bringt Schlesien fast ebensoviel ein wie Peru dem König von Spanien. Ich möchte der Nachwelt raten, nicht ohne sehr triftige Gründe an die von mir in Schlesien getroffenen Einrichtungen zu rühren.

Cleve hat keinerlei Ähnlichkeit weder mit Schlesien noch mit der Kurmark noch mit Ostpreußen. Die Bevölkerung ist sehr träge. Bei dem geringen Waldbestand findet man schöne Kulturen. Fremde, die sich während meiner Regierung im Clevischen niederließen, haben gute Manufakturen eingeführt. Die Bauernhöfe liegen alle zerstreut und bilden nicht Dörfer wie hier und im Reich. Das Fürstentum Minden ähnelt den hiesigen Provinzen mehr. Die Gebräuche sind fast die gleichen. Die Leinenmanufakturen blühen, sind aber viel unbedeutender als in Schlesien. Ostfriesland ernährt sich allein von seinem Vieh und zieht viel Geld aus dem Ausland durch den Verkauf von Pferden, Kühen, Milch, Käse und Ziegeln, die nach dem ganzen Norden gehen.

Auf Grund eingehender Kenntnis aller dieser Gebiete ist
für jede Provinz die Instruktion für den Präsidenten und
für die Domänenkammer verfaßt. Alle nach den gleichen
Gesetzen regieren wollen hieße die Provinzen mutwillig
verderben. Daher möchte ich der Nachwelt raten, an den
bestehenden Grundsätzen nichts zu ändern, ohne sie genau
zu prüfen und die aus veränderten Maßnahmen sich erge-
benden Nachteile zu bedenken. Jedoch muß man die Instruktionen von Zeit zu Zeit revidieren und sie bei Änderung der Gesamtlage erneuern, sei es, daß Mißwirtschaft
unsere Nachbarn zugrunde richtet, sei es, daß durch Nachlässigkeit der Präsidenten die Industrie bei uns zurückgeht
oder daß man irgendwelche neuen Einrichtungen plant. Die
Instruktionen sind also der Zeit und den Umständen an-
zupassen, die Mittel zur Heilung der Schäden der betref-
fenden Provinz anzugeben oder die Wege vorzuschreiben,
wie aus dem Verfall der Nachbarmächte Vorteil zu ziehen
ist. Bei solchen Anlässen halte ich eine Änderung der Instruktionen für sehr nützlich. Aber man soll nicht an den
Grundsätzen der Regierung rütteln, durch die wir Ordnung
und Wohlstand aufrechterhalten.

AUSGABEN

Die festen Einnahmen des Staates belaufen sich auf
12 150 000 Taler und 1 Million von der Münze. Davon
bezahlt Schlesien 3 400 000 Taler und die anderen Provinzen 8 750 000 Taler. Der Etat setzt sich folgendermaßen
zusammen. Die Kriegskasse bezahlt die Regimenter, die aus
135 600 Mann bestehen. Sie bestreitet den Unterhalt der
Festungswerke, die Kosten für die Uniformen der Armee,
für die Remonten der Kavallerie, für die Pulverfabrik, die
jährlich 4000 Zentner Pulver herstellt. Sie bezahlt ferner
die Gehälter für die Gouverneure, Kommandanten und
einige andere Offiziere. Die Pferde- und Montierungskasse

wird von General Massow[11] so trefflich verwaltet, daß sie jährlich eine Ersparnis von 150 000 Talern erzielt. Dieser Fonds beträgt infolgedessen jetzt 765 000 Taler. Das ist aber nicht genug. Man muß mit den Ersparnissen einige Jahre fortfahren, um nicht allein 900 000 Taler in barem Gelde, sondern auch noch viele Vorräte, Wehrgehänge, Waffen, Zelte usw. fertig in den Zeughäusern zu haben. Davon werde ich im Abschnitt über das Heerwesen sprechen.

Die Domänenkasse zahlt jährlich 1 700 000 Taler an die Kriegskasse, die ohne diesen Zuschuß die Truppen nicht bezahlen könnte. Sie bestreitet die Jahrgehälter, die Besoldung für die Gerichte und liefert einiges Geld an den Herrscher. Nach Bezahlung aller Kosten und Bestreitung aller Ausgabe bleibt von den Domänen ein Überschuß von 1 300 000 Talern nebst einer Million von der Münze, also im ganzen 2 300 000 Taler, um die der Staatsschatz jährlich vermehrt wird. Er ist für den Fall eines Unglücks, eines Krieges oder einer öffentlichen Not bestimmt.

Der Wert unserer Einrichtungen besteht darin, daß die Kassen niemals vermengt werden. Infolgedessen leben wir nicht auf Vorschuß, sondern legen jedes Jahr zurück. Unsere Zahlungen werden nicht auf Grund liederlicher Rechnungen oder mit Papier, sondern in guter Münze geleistet, und wir ändern im Laufe des Jahres nichts an der Ordnung des zu Beginn des Rechnungsjahres festgestellten Voranschlages.

MEINE EINNAHMEN

Da das Gehalt, das ich vom Staate beziehe,[12] für die militärischen Ausgaben, wie der hohe Sold des dritten Ba-

---

11. Hans Jürgen Detlev von Massow, Generalleutnant und Generalkriegskommissar.
12. Die Generaldomänenkasse zahlte an Reisegeldern 20 000 Taler, zu Handgeldern 52 000 Taler. Dazu kamen noch ein Dispositionsquantum bei der Extraordinarienkasse (48 419 Taler) und beim ehemaligen

taillons Garde[13], meine Überzähligen[14], die Uniformen und
Tischgelder der Offiziere, fast ganz verbraucht wird, so
habe ich meine Zuflucht zu anderen Fonds genommen, die
alle zusammen beträchtliche Summen ausmachen und nicht
in den Staatseinkünften einbegriffen sind. Ich habe mir
100 000 Taler aus Ostfriesland vorbehalten und die Einnahme aus den Forsten auf 180 000 Taler Überschuß ge-
steigert. Die Einkünfte aus der Post haben in diesem Jahre
110 000 Taler mehr als früher gebracht. Die Akzisen und
Zölle aus Schlesien, der außerordentliche Verkauf von Salz
und die Ersparnisse aus mehreren Fonds haben die Summe
von 260 000 Talern geliefert. Die ostpreußischen Häfen haben 56 000 Taler über den Etat eingebracht. Die Ersparnisse
bei den Domänenkammern belaufen sich, wenn es keine Un-
glücksjahre gibt, in Ostpreußen auf 30 000 Taler und in
Litauen auf 20 000. Fügt man zu allen diesen Einnahmen,
die unter meinem Vater nur sehr gering waren, einige außerordentliche Beträge aus den Domänen, so können sie jährlich auf durchschnittlich 700 000 Taler gebracht werden.
Davon habe ich für mich 120 000 Taler genommen, die ein
monatliches Gehalt von 10 000 Talern ausmachen. Alles übrige habe ich zum Wohle des Staates verwendet, teils für
Festungsbauten, für die Artillerie, für die Remontekasse,
teils für nützliche Einrichtungen im Lande. Ja, ich habe
daraus sogar Zuwendungen an den Staatsschatz gemacht,
zur Abrundung seines Bestandes und zum Ersatz für schlechte Münzen.

Jagdetat (3111 Taler 6 Groschen) und zu der ehemaligen Kronprinz-
lichen Kasse 37 000 Taler.
13. Das dritte Bataillon Garde hatte der König bei seinem Regierungsantritt neu errichtet; das erste und zweite Bataillon Garde waren das
Regiment, das er bis dahin als Kronprinz geführt hatte.
14. Die sogenannten Unrangierten, die als Ersatztruppe für die gesamte Garde dienten und von den übrigen Regimentern gestellt wurden.

DIE LANDSCHAFT

Die »Landschaft« ist die Gesamtheit der Ritterschaft.[15] Sie erhielt als Sicherheit für ihre Geldvorschüsse an die alten Kurfürsten die sogenannte Ziese, eine Auflage auf das Bier, nebst einigen anderen ähnlichen Fonds, die sie selbst verwaltet und zu ziemlicher Bedeutung gebracht hat. Während des Krieges von 1744 nahm ich meine Zuflucht zum Kredit dieser Körperschaft, und ich hatte allen Anlaß, den Eifer und die Anhänglichkeit des würdigen Adels zu rühmen. Er gab mir die Mittel zur Weiterführung des Krieges. Ohne ihn war ich bei dem völligen Mangel an Geld und bei der Unmöglichkeit, anderswo Hilfsquellen zu finden, verloren.

Die Schulden der »Landschaft« an Privatleute belaufen sich alles in allem auf fünf Millionen Taler. Nach meiner Ansicht darf man diese Schuld nicht abtragen. Sonst wüßten die Privatleute nicht, wo sie ihre Kapitalien anlegen sollen, und gingen mit ihrem Vermögen, mit dem sie bei uns nichts anfangen könnten, ins Ausland. Ich würde aber auch nicht zur Vermehrung dieser Schuld raten; denn die Kasse des Herrschers würde durch die dann zu zahlenden Zinsen überlastet. Außerdem muß man bei allen Kreditfragen eine gewisse Mittelstraße innehalten; verläßt man sie, so entsteht Unordnung. Bis jetzt zahlt die »Landschaft« pünktlich die Zinsen ihrer Schulden und erstattet die Kapitalien bei Verfall der Verschreibungen zurück. Stiege die von ihr zu entrichtende Summe also beträchtlich, wie könnte sie dann die Menge der Kapitalien auszahlen, die sie auf einmal zu erstatten hätte? Und käme sie ihren Verpflichtungen nicht nach, wo bliebe ihr Kredit? Immerhin könnte man im Falle der Not wie in einem Kriege bis zu zwei Millionen bei ihr aufnehmen, müßte die Summe aber nach Friedensschluß sofort zurückzahlen.

15. In der Kurmark.

Dieser würdige und treue Adel, der bei allen Gelegenheiten
Beweise seiner Anhänglichkeit an die Regierung gegeben hat,
verdient mit besonderer Auszeichnung behandelt zu werden.
Deshalb muß ihm die freie Wahl seines Direktors überlassen
bleiben. Da der Direktor jederzeit den Charakter eines
Staatsministers gehabt hat, ist es Sache des Herrschers, ihm
nach der Wahl diesen Titel zu verleihen. Er darf sich aber
nicht in die Verwaltung der an die »Landschaft« verpfän-
deten Fonds mischen; denn seit die sächsische Regierung an
die Verwaltung der Steuerkasse gerührt hat,[16] haben solche
Verschreibungen ihren Kredit verloren.

BEGONNENE MASSNAHMEN

Ich habe es für meine Pflicht gehalten, auf jede Weise für
das Wohl des Staates zu sorgen. Der Dreißigjährige Krieg,
dieses entsetzliche Unglück, hatte die ganze Mark, Pommern
und Magdeburg verheert. Die drei Provinzen waren so völlig zugrunde gerichtet, daß drei Regierungen, von denen
zwei ganz im Frieden verliefen, sie nicht wieder auf die alte
Höhe zu bringen vermochten. Infolge so vieler Not waren
die Provinzen im Jahre 1740 noch weit von dem Zustande
eines wohlgeordneten und blühenden Landes entfernt. Nach
dem Frieden nahm ich mir vor, alle verschiedenen Zweige
der Verwaltung durchzugehen, um herauszufinden, durch
welche Maßnahmen man den Provinzen aufhelfen und sie
so glücklich machen könnte, als ihre Lage und das Los der
Menschen es erlaubt. Zu diesem Zweck habe ich für jeden
einzelnen Zweig das Folgende kurz entworfen.

16. Die sächsische »Steuerkasse« war ein landschaftliches Kreditinstitut,
das Obligationen (Steuerscheine) ausgab. Die Entwertung der Steuerscheine führte, wie aus Voltaires Lebensgeschichte bekannt ist, zu großen Spekulationen.

Urbarmachung

Längs der Oder und der Netze, einem kleinen Fluß in der Neumark, zog sich ein Streifen unangebauten, wilden und unzugänglichen Sumpflandes. Ich begann damit, die Sümpfe von Damm bei Stettin zu entwässern. Durch einen Deich wurde die Oder eingedämmt und das neue Land an die Erbauer der dort angelegten Dörfer verteilt. Dieses Werk wird im nächsten Jahre vollendet und das Land mit ungefähr 4000 Seelen besiedelt sein. Zwischen Freienwalde und Küstrin überschwemmte die Oder die schönsten Wiesen und setzte unaufhörlich ein herrliches Gebiet unter Wasser, das dadurch unbrauchbar wurde. Zunächst erhielt die Oder ein neues Bett durch einen Kanal, der die Windungen abschneidet und die Schiffahrt um vier Meilen verkürzt. Der Kanal wird im kommenden Jahre fertig. Durch die Eindämmung des Flusses wird ein Gebiet gewonnen, wo 6000 Seelen ihre Nahrung, Ackerland und Viehweiden finden. Wenn ich am Leben bleibe, wird die ganze Besiedelung im Jahre 1756 beendet sein. Die Netzesümpfe sind ebenfalls ausgetrocknet und mit Polen bevölkert, die sich auf eigene Kosten angesiedelt haben. Ferner habe ich alles Brachland der Kurmark urbar machen lassen und dort zwölf neue Dörfer errichtet. Ebenso zeigte es sich, daß die Städte in Pommern viel mehr Land besaßen, als sie anbauen konnten. Überall sind Dörfer angelegt worden, die in der Mehrzahl bereits fertig sind. In der Priegnitz besaßen die Edelleute ausgedehnte Ländereien, die sie nicht bewirtschaften konnten. Die Notwendigkeit ihrer Besiedelung wurde ihnen nachgewiesen, und in diesem Jahre erbauen sie dort acht neue Dörfer und im kommenden Jahre zwölf weitere. Im Halberstädtischen sind fünf Dörfer angelegt worden. Wenn ich alles seit dem Jahre 1746 zusammenzähle, bin ich jetzt beim 122. Dorfe angelangt.

Fertige Kanäle

Zur Abkürzung der Schiffahrt und zur Verbindung der
großen Flüsse, der Oder, Havel und Spree, sind drei Kanäle
gebaut, nämlich der Mietzelkanal, der den Holztransport
aus der Neumark erleichtert, der Finowkanal, der die Oder
mit der Havel verbindet, und der Plauensche Kanal, der
das Dreieck bei Havelberg abschneidet. Der Plauensche Kanal beginnt bei Plauen und verbindet Havel und Elbe. Er
erleichtert den Handel von Magdeburg nach Berlin und
spart wenigstens acht Tage Schiffahrt für das Salz. Es geht
jetzt auf dem Plauenschen Kanal nach Ostpreußen, Pommern und Schlesien. Während dieses Salz früher über den
Friedrich-Wilhelms-Kanal nach Frankfurt geschafft wurde,
geht das für Pommern und Ostpreußen bestimmte durch
den Finowkanal in die Oder und von da an seinen Bestim-
mungsort. Umgekehrt wandert das Holz aus der Neumark,
das in den Wäldern verfaulte, von der Mietzel durch die
Oder, den Finowkanal, die Havel und Plauen nach der
Elbe, schwimmt von da die Saale hinauf und findet in Halle
in den Salzsiedereien Verwendung. Seit der Anlage dieser
Kanäle hat Stettin seinen Handel mit Leder aus Rußland
beträchtlich vermehrt. Das Leder geht nach Magdeburg und
verbreitet sich von da aus über das ganze Reich.

Seidenbau

Der Große Kurfürst hat auf fast allen Kirchhöfen der Mark
eine große Anzahl von Maulbeerbäumen pflanzen lassen.
Sie haben die Winter von 1709 und von 1740 überstanden,
und einige Privatleute haben Seide hergestellt. Daraus ergab sich leicht, daß der Frost die Maulbeerbäume keineswegs vernichtet, und daß, was einzelne Privatpersonen im
kleinen ausführten, im großen gelingen kann. Daraufhin
sind Maulbeerbäume angepflanzt worden. Alle Gemeinden
wurden dazu angehalten, und die Amtmänner wurden bei

Erneuerung ihres Pachtkontraktes verpflichtet, eine bestimmte Anzahl zu pflanzen. Jetzt gibt es im Lande über 400 000 große und kleine Maulbeerbäume, außer denen, die noch gepflanzt werden. Anstatt 200 Pfund Seide, die früher gewonnen wurden, stellen wir jetzt 2000 Pfund her, und das muß noch beträchtlich zunehmen. Aus den Akziselisten ergibt sich, daß alle Provinzen jährlich für mehr als 400 000 Taler Seide verbrauchen. Wenn wir also 40 000 oder 50 000 Pfund Seide gewinnen, wird der Staat jährlich um 250 000 Taler reicher, und ohne neue Erwerbungen, allein durch eine bisher nicht gebräuchliche Industrie, erhöhen die Privatleute ihren Wohlstand. Zur Ermunterung dieser schwachen Anfänge lasse ich die bei uns erzeugte Seide ebenso teuer bezahlen wie die italienische, gebe den Landpfarrern, die am meisten Seide hergestellt haben, Prämien und denen, die Maulbeerbäume anpflanzen, Vergünstigungen.

Seidenmanufakturen

Damit alles planvoll zum Aufschwung des Landes beiträgt, habe ich zugleich mit der Einführung des Seidenbaues Stoff- und Sammetmanufakturen eingerichtet. Die Ansiedelung der Arbeiter hat mir große Ausgaben verursacht. Um sie mit der Zeit zu vermindern und die fremde Kunstfertigkeit einzubürgern, halte ich den Arbeitern vierzig Lehrlinge auf meine Kosten und ersetze sie durch andere, sobald sie Meister werden. Wir haben gegenwärtig 500 Seidenwebstühle in Berlin und in Potsdam. Das ist aber erst ein schwacher Anfang.

Wollmanufakturen

Die Wollmanufakturen sind für Preußen die natürlichsten, weil der Rohstoff zu den Haupterzeugnissen des Landes zählt. Mein Vater hatte das Lagerhaus eingerichtet, das großen Aufschwung nahm, seitdem dort Tuche wie die Aachener hergestellt wurden. Durch die Anfertigung solcher feinen

Stoffe ist die nützliche Manufaktur um 300 Webstühle vergrößert worden. Ein Kaufmann Wegeli hatte schon zur Zeit meines Vaters eine bedeutende Manufaktur für Etamin, Serge und kleine Zeuge begründet. Seither hat er sie ums Doppelte vergrößert, und viele andere Kaufleute haben ähnliche Manufakturen errichtet. Seit kurzer Zeit wird viel Baumwollenzeug in Berlin angefertigt, und alle Jahre sehen wir neue Fortschritte in dieser Industrie. Zur Erleichterung für die Tuchmacher in den kleinen Städten, die alle arm sind und keine Auslagen machen können, habe ich einige Wollmagazine auf dem flachen Lande geschaffen, aus denen ihnen der Rohstoff auf Kredit geliefert wird. Sie bezahlen ihn erst, wenn die von ihnen hergestellten Tuche verkauft sind. Die Methode der Wollmagazine für die kleinen Arbeiter und der Seidenmagazine für die Seidenweber ist sehr gut und fast die einzige, mit der man solche Manufakturen in die Höhe bringen kann. Aus den Akziselisten habe ich ersehen, daß uns Wattearbeiter fehlen. Gegenwärtig bin ich damit beschäftigt, eine Wattemanufaktur in Brandenburg einzurichten.

Dabei ist zu beobachten: will man irgendeine Manufaktur anlegen, die Bestand haben soll, so muß vor allem ein Kaufmann ausfindig gemacht werden, der sie übernimmt; denn der Fabrikant kann nicht arbeiten und zugleich seine Ware verkaufen. Ferner richtet der kaufmännische Unternehmer das Augenmerk darauf, daß der fertige Stoff den Vorschriften entspricht, was den Absatz erleichtert. Nichts schädigt den Handel so sehr wie der Mangel an Reellität, falsches Ellenmaß und dergleichen Schwindeleien. Um möglichst zu verhüten, daß die Arbeiter das Publikum und das Ausland betrügen, gibt es im ganzen Lande Fabrikinspektoren, die die Waren prüfen und alles Minderwertige unerbittlich zurückweisen. Diese Aufsicht ist von großer Bedeutung, zumal für den Absatz nach dem Ausland.

Wollspinnerei

Bei Prüfung der Lage der Wollmanufakturen habe ich in Erfahrung gebracht, daß die Unternehmer allgemein über Mangel an Spinnern klagten. Um dem abzuhelfen, lassen sie in Sachsen für sich arbeiten, so daß alle Jahre eine große Masse Spinnwolle aus Sachsen ins Land kommt. Um gründlich zu verfahren, stellte ich Ermittlungen über diese Verhältnisse und über die Zahl der Wollspinner an, die bei uns leben könnten. Alles in allem ergab sich eine Zahl von 60 000 Seelen. Ich war über diese Entdeckung erfreut. Hier bot sich ein Mittel, die Bevölkerung des Landes zu vermehren. Sofort traf ich Maßnahmen, um Wollspinner zu bekommen und anzusiedeln. Sollen sie ihr Auskommen haben, so müssen sie ein Haus, ein Gärtchen und genug Weideland besitzen, um zwei Kühe zu halten. Ich habe Kolonisten aus Sachsen, aus Polen und selbst aus Mecklenburg herangezogen, habe sie angesiedelt bei Potsdam und Köpenick, in der Neumark, in Pommern, bei Oranienburg und mit Hilfe der Amtleute in vielen Dörfern. Alles in allem kann ich jährlich 1000 Familien ansiedeln. Die Familie zu fünf Köpfen gerechnet, sind zwölf Jahre erforderlich, um die Zahl von 60 000 zu erreichen. Sobald solche Arbeiter angesiedelt sind, kommt es zuerst darauf an, sie mit einem Kaufmann in Verbindung zu bringen, der ihnen ständige Arbeit verschafft.

Ebenso habe ich gefunden, daß es an Maurergesellen und Zimmerleuten fehlte. Zu dem Zweck habe ich 40 Familien hier in Potsdam und 20 bei Berlin angesiedelt. Im Magdeburgischen mußten die Edelleute und Amtmänner sich aus Mangel an einheimischen Landarbeitern mit Thüringern behelfen. Sie kamen alle Jahre, besorgten die Ernten und kehrten mit unserem Gelde in ihre Heimat zurück. Um diesem Mißstand abzuhelfen, habe ich in den magdeburgischen Dörfern 600 Familien angesiedelt, die jetzt für die Ernte genügen.

Die Emdener Kompagnie

Nach dem Frieden von 1746 baten mich viele Kaufleute um
Bewilligung eines Privilegs für eine Orientkompagnie, die
sie in Emden zu gründen beabsichtigten. Schließlich gewähr-
te ich es ihnen:[17]

1. Weil das den Privatleuten die Möglichkeit verschafft,
ihre Kapitalien mit 20, ja selbst mit 50 Prozent Gewinn anzulegen.

2. Weil infolge dieses Handels die Pfandbriefe der Kompagnie, sobald sie in Umlauf kommen, die Zahlungsmittel
verdoppeln.

3. Weil es ein Zweig des holländischen Handels ist, den wir
damit an uns reißen.

4. Weil wir durch die Kompagnie alle indischen Waren, die
wir jetzt aus zweiter Hand kaufen, billiger bekommen können.

5. Weil die Unternehmungen unserer Kaufleute bei Verbindung des Emdener und Stettiner Handels viel bedeutender werden und Stettin einen Teil des Hamburger Handels
in Polen, Böhmen und Mähren in seine Hand bekommen
kann.

Zur Erleichterung des Stettiner Handels habe ich mit den
Arbeiten für einen Hafen bei Swinemünde begonnen. Das
war unumgänglich nötig; denn bisher haben die Kaufleute
große Verluste erlitten, da ihre Schiffe nicht sicher überwintern konnten.

Das sind ungefähr die Dinge, an die ich auf verschiedenen
Gebieten die erste Hand gelegt habe. Aber man glaube
nicht, damit sei alles vollendet. Ich habe einen beschwer-
lichen Krieg hinter mir. Ich habe die Staatseinkünfte für die
dringendsten Bedürfnisse verwenden müssen. Die Armee
mußte auf den alten Stand gebracht, Festungen gebaut, der
Staatsschatz gefüllt, die Artillerie vermehrt und mit allem
versehen werden (was viele Einzelheiten erfordert). Außer-

17. Das Privileg wurde am 1. September 1750 erteilt.

dem waren die englischen Schulden zu bezahlen.[18] Für diese verschiedenen Ausgaben konnte ich nur meine kleinen Ersparnisse verwenden. Da das Leben kurz und meine Gesundheit schlecht ist, so nehme ich nicht an, daß ich irgendeinen meiner Pläne zur Vollendung bringen kann. Aber ich muß der Nachwelt Rechenschaft davon ablegen, weil ich alle diese verschiedenen Gegenstände habe prüfen lassen und weil ich jetzt genug darüber weiß, um die Mittel und Wege anzugeben, wie sich Preußen zu einem der volkreichsten und blühendsten Staaten Europas machen läßt.

WAS NOCH ZU TUN BLEIBT

Urbarmachung des Landes

Pommern ist als erst halb angebautes Land zu betrachten. In Vor- und Hinterpommern bleibt noch eine große Zahl von Sümpfen auszutrocknen, wo man 100 000 Seelen ansiedeln kann. Zunächst am Madü-See und an den Oderbrüchen. Im Besitz des Adels befinden sich noch so viele Morgen Brachland, daß sich hundert Dörfer anlegen ließen. Selbst im Umkreis der Städte könnte man noch viel mehr Menschen ansiedeln, als heute dort leben. Aufgabe des Herrschers ist es, Urbarmachungen auf den Krongütern zu veranlassen. Er kann die Edelleute zu solchen Unternehmungen anspornen, indem er Sachkundige zu ihnen schickt, die den Plan dazu entwerfen und ihnen den Vorteil vorrechnen. Die Städte haben mit diesen neuen Maßnahmen den Anfang gemacht, bedürfen aber auch fernerhin der Ermutigung, in ihrem Werke fortzufahren. Auf allen königlichen Pachtgütern müssen die Pächter sich bei Erneuerung des Kontraktes verpflichten, anstatt der Erhöhung des Pacht-

18. Englische Schuldforderung, die auf Schlesien ruhte, und die der König mit der Abtretung der Provinz durch Österreich übernommen hatte (vgl. Ges. Werke, Bd. 2, S. 120).

zinses eine bestimmte Zahl von Halbbauern, sogenannte
Häusler, anzusetzen.

In der Neumark eignen sich die Warthebrüche und ganz
dicht bei Küstrin nach Sonnenberg zu ein prachtvolles Gebiet zum Urbarmachen, wo man über 1200 Familien ansiedeln kann. Das gleiche wie für die pommerschen Edelleute
gilt für die Neumark. Sie kann noch viel stärker bevölkert
werden.

Unter den mittleren Provinzen kenne ich die Altmark am
wenigsten, weiß aber, daß es in den großen Forsten bei
Gardelegen noch Sümpfe zu entwässern gibt. In der Mittel-
mark wird man keine Dörfer anlegen können, ohne Vor-
werke zu opfern und Bauern dafür hinzusetzen; es bringt
zwar weniger ein, verdient aber bei alledem den Vorzug.
Das Magdeburger und Halberstädter Gebiet ist so stark bevölkert, daß meiner Ansicht nach auf dem platten Lande
nicht mehr viel zu tun ist. Aber in Pommern, in der Neu-
und der Altmark können die Schafherden noch bedeutend
vermehrt werden, sowohl die des Adels wie die der Städte,
besonders in der Gegend von Stolp, Körlin, Köslin und in
der Neumark nach Landsberg und der polnischen Grenze zu.
Was die Städte betrifft, so sollten alle Häuser massiv gebaut werden, sowohl der Holzersparnis wegen wie zur Ver-
ringerung der Feuersgefahr. Überdies ist ja auch nur der
Stein dauerhaft.

Kanäle

Man hat mir vorgeschlagen, in Pommern die Rega, in Ostpreußen die Angerapp schiffbar zu machen und in Schlesien
die Oder zwischen Breslau und Glogau einzudämmen und
ihr einen geraden Lauf zu geben. Da ich aber keine Mittel
hatte, war ich genötigt, diese Entwürfe liegenzulassen. Vor
ihrer Ausführung muß reiflich geprüft werden, ob die Sache
möglich ist, ob das Land großen Vorteil davon hat und ob
das Geld nicht mit Verlust angelegt wird.

Seidenbau

Der Seidenbau liegt noch in der Wiege. In sechs Jahren, wenn die Bäume kräftig genug sein werden, daß man ihre Blätter pflücken kann, muß eine hinreichende Masse von Eiern der Seidenraupe beschafft werden, um sie dem Publikum ausgiebig liefern zu können. Dann müssen auch Vorschriften, wie man die Seidenwürmer zieht und Seide, Organsin, Tramseide, Florettseide usw. herstellt, gedruckt und eine Art Lehranstalt muß eingerichtet werden, wo die Mägde und Landleute lernen können, wie und wann man die Würmer ausschlüpfen läßt, wie man sie ernährt und wie man die Kokons abhaspelt. Ein Prediger in Berlin[19] hat eine Lehranstalt gegründet, die sogenannte Realschule, wo er alle Lehrer in der Herstellung der Seide unterrichtet. Er braucht sie nur später als Küster auf die Dörfer zu schicken, und der Adel und die Amtleute der Umgegend werden von ihnen lernen, wie man diesen nützlichen Gewerbszweig fördert. In unserem kalten Klima besteht die große Kunst darin, daß man die Raupen weder zu früh noch alle auf einmal ausschlüpfen läßt und ihnen keine taufeuchten Blätter gibt, da sie davon sofort wassersüchtig werden.

Seidenmanufakturen

Zur Förderung der Seidenmanufakturen müssen nicht allein die im Lande hergestellten Stoffe freie Ausfuhr haben, sondern man muß auch (wie es in England geschieht) den Kaufleuten, die sie im Ausland absetzen, bestimmte Prämien bewilligen. Da wir bei weitem nicht so viel Webstühle besitzen, wie nötig sind, so wird der Herrscher die Seidenmanufaktur nur dann zur Blüte bringen, wenn er den Kaufleuten, die sich damit befassen, große Summen verabfolgt, sollte diese Ausgabe auch jährlich bis auf 100 000 Taler gehen. Ferner wird es nötig sein, die Zahl der auf Kosten des Herrschers

19. Hecker von der Dreifaltigkeitskirche.

unterhaltenen Lehrlinge einige Jahre lang auf 200 bis 300
zu erhöhen. Dann werden wir im ganzen 2000 Webstühle
aufstellen können.
Ich habe ferner in Berlin ein großes Seidenmagazin errichtet,
dessen Fonds ich bis auf 100 000 Taler zu vermehren hoffe,
so daß unsere Arbeiter, wenn die Seide teurer wird, zum
selben Preise arbeiten, ja denen in Leipzig, Hamburg und
sogar in Holland den Rang ablaufen können.

Wollmanufakturen

Ich glaube, an den Wollmanufakturen gibt es fast nichts
mehr zu verbessern, und es handelt sich nur darum, sie auch
fernerhin zu ermutigen und noch eine größere Anzahl in
Ostpreußen einzurichten.

Spinner

Ich habe oben gesagt, daß unsere Manufakturen 60 000
Spinner unterhalten können. Die müssen wir kommen lassen. Die Ansiedelung einer Familie kostet 60 Taler. Bei
einer jährlichen Ausgabe von 60 000 Talern können 1000
Familien angesiedelt werden. Also würde in zwölf Jahren
nichts mehr an jener Zahl fehlen. Die Neu-, Mittel- und
Altmark und Pommern haben unangebaute Stellen genug,
um sie dort unterzubringen.

Fehlende Manufakturen

Dies Kapitel ist umfangreicher, als man denkt. Die Messer-
und Scherenfabrik in Neustadt ist nicht so ausgedehnt, wie
sie sein könnte, und verdient, um das Dreifache vergrößert
zu werden. Wenigstens 200 Webstühle für Watte sind im
Lande nötig. Wir haben keine Nähnadeln. Sie können bei
uns ebensogut hergestellt werden wie in Aachen, und eine
solche Manufaktur kann vielen Menschen Unterhalt ver-

schaffen. Uns fehlt gutes Papier. Eine große Papiermühle kann in Pommern eingerichtet werden, bei einem kleinen Bach, der sich in Hinterpommern in die Oder ergießt und genug Gefälle besitzt, um die Räder zu treiben. Von den Friesen können Lumpen aller Art gekauft werden, die sie jetzt an die Holländer verkaufen und die sich über Stettin wohlfeil zur Papiermühle schaffen ließen. Die Baumwollenmanufakturen können beträchtlich vermehrt werden, ebenso die Manufakturen für grobes Leinen auf dem platten Lande. Zahlreiche Manufakturen können eingerichtet werden für seidene Taschentücher, für Bänder, die in Mühlen hergestellt werden, für russisches Leder, für Leder aus England, aus dem man Schuhsohlen macht. Die Knopf- und Handschuhmacher können vermehrt werden, indem man ihnen durch die Frankfurter Messe den Absatz nach Polen verschafft, den gegenwärtig die Hamburger haben. Man kann die Druckereien fördern, was einen beträchtlichen Posten ausmacht, sowohl durch den Papierverbrauch wie durch einen Gewerbszweig, an den der Norden noch nicht gedacht hat: ich meine den Nachdruck. Mit einem einzigen Exemplar, das der Buchhändler kauft und von neuem druckt, erspart er es den Mitbürgern, ihr Geld ins Ausland zu schicken; denn sie können das Buch im Lande bekommen. So werden alle guten Bücher, die irgendwo gedruckt werden, zu Manuskripten für unsere Buchhändler. Aber das alles erfordert Vorschüsse von seiten der Regierung, und das hat mich bisher verhindert, es so energisch zu betreiben, wie ich gewünscht hätte.

GETREIDEMAGAZINE

Wir haben zwei Sorten Getreidemagazine. Die einen sind für die Armee bestimmt; davon werde ich später sprechen.[20] Der Zweck der anderen ist, das Gleichgewicht zwischen den

20. Vgl. S. 129.

Städten und dem flachen Lande zu erhalten, in den Städten
zu verkaufen, wenn das Korn zu teuer ist, und auf dem
Lande einzukaufen, wenn der Preis dafür zu niedrig steht.
Sie dienen auch zu Vorschüssen an die Edelleute und Bauern,
die irgendwelche Not erlitten haben und zugrunde gerichtet
wären, wenn man ihnen nicht auf diese Weise umgehend
Erleichterung schaffte. Die für das Land bestimmten Getreidemagazine enthalten jetzt 8000 Wispel Korn. Als Regel
gilt, daß das Korn in Berlin nicht über einen Taler steigen
und auf dem Lande nicht unter den von der Kammer ange-
setzten Preis sinken darf. Dieser Preis beträgt in der Kurmark 16, in der Neumark und bei Stettin 14 und in Ostpreußen und Lauenburg 12 Groschen.

REGELN FÜR HANDEL UND MANUFAKTUREN

Beim Handel und bei den Manufakturen muß grundsätzlich
verhindert werden, daß das Geld außer Landes geht, dagegen bewirkt werden, daß es ins Land kommt. Der Abfluß
des Geldes wird verhindert, indem man alles im Lande herstellt, was man früher von auswärts bezog. Das ergibt sich
aus den Akziselisten, die alle hereinkommenden und im
Staate Absatz findenden Waren vermerken. Nach diesen
Listen läßt sich leicht beurteilen, welche Fabriken vermehrt
und welche neu eingeführt werden können. Zweitens verhindert man, daß das Geld so abfließt, wie es sonst der Fall
wäre, indem man sich alle unentbehrlichen Dinge am Ur-
sprungsorte holt und den Handel selbst in die Hand nimmt.
Dann kostet die Ware, die beim Einkauf in Hamburg mit
einem Taler bezahlt wird, nur noch einen Gulden, wenn
man sie aus Spanien bezieht. Durch solche Herabminderung
des Preises ergibt sich ein beträchtlicher Gewinn, ganz abgesehen von dem Gewinn, den die Kaufleute des eigenen
Landes erzielen und der einen ebenso großen Verlust für
die Hamburger und Holländer bedeutet.

Durch die Manufakturen kommt natürlich viel bares Geld ins Land. Sie können uns aber wegen der Nachbarschaft von Polen und Rußland noch viel mehr einbringen; denn diese Länder haben keine eigene Industrie und sind somit gezwungen, die Industrie ihrer Nachbarn zu bezahlen. Aus diesen Gründen muß der Herrscher die Fabrikanten und Kaufleute ermutigen, sei es durch Bewilligung jeder Art von Privilegien und Steuerfreiheiten, sei es durch Unterstützung mit Geld, damit sie zu großen Unternehmungen imstande sind. Ferner muß er ein Auge auf die Juden haben, ihre Einmischung in den Großhandel verhüten, das Wachstum ihrer Kopfzahl verhindern und ihnen bei jeder Unehrlichkeit, die sie begehen, ihr Asylrecht nehmen; denn nichts ist für den Handel der Kaufleute schädlicher als der unerlaubte Profit, den die Juden machen. Ich habe ferner eingeführt, daß allen Kaufleuten die Einfuhrlisten gezeigt werden, damit sie ihren Handel leichter ausdehnen und sich ein Bild machen können, in welcher Richtung und wodurch er sich vermehren läßt.

Von dem Emdener und dem Stettiner Handel war bereits oben die Rede.[21] Ich brauche das dort Gesagte hier also nicht zu wiederholen. Das Projekt kann sehr bedeutend werden, wenn es sich verwirklichen läßt. Ich werde seine Vollendung niemals erleben, wohl aber die Nachwelt, wenn sie den gleichen Plan befolgt und die geeigneten Mittel zu seiner Ausführung findet.

ERMÄSSIGUNG EINIGER AUFLAGEN

Ich rate den künftigen Herrschern nicht, irgendeine Auflage zu erhöhen, wohl aber zwei zu erniedrigen, bei denen mein Herz blutet, wenn ich daran denke. Die eine wird vom flachen Lande erhoben und heißt Reiterverpflegung

21. Vgl. S. 28.

(Kavalleriegeld).[22] Bei ihrer Abschaffung würde es sich um jährlich 150 000 Taler handeln. Das würde viel zur Erleichterung der Landbevölkerung beitragen, ein Werk, das eines guten Fürsten würdig ist. Die andere ist das »Servis«, das die Städte bezahlen.[23] Pommern, Magdeburg und besonders Schlesien werden dadurch übermäßig belastet. Auch hier würde es sich um 150 000 Taler handeln, die den Städten zugute kämen. Das Servis ist eine Auflage, die den Bürger drückt und das Aufblühen vieler kleiner Städte tatsächlich verhindert.

Wer das liest, wird zweifellos sagen: Es ist sonderbar von ihm, seinen Nachfolgern Ratschläge zu erteilen, wenn er sie selber zur Ausführung bringen kann. Auf diesen Einwurf antworte ich: Ich bin nicht Herr, zu tun, was mir gefällt. Ich habe einen sehr kostspieligen Krieg hinter mir. Nach dem Friedensschluß bestand die Hauptsorge darin, den Staatsschatz aufzufüllen, die Armee wieder in den alten Stand zu bringen, die Festungen auszubauen, Magazine anzulegen und schließlich wieder Ordnung in die Kassen zu bringen. Es wäre unklug, irgend etwas an dieser Methode zu ändern, bevor die Staatskassen gefüllt sind. Nach unseren Finanzeinrichtungen bleibt alle Jahre ein Überschuß von ungefähr 2 Millionen und 300 000 bis 400 000 Talern. Doch aus den angeführten Gründen habe ich nicht daran rühren können. Die Ermäßigung dieser Auflagen kann aber nur erfolgen, wenn der Ausfall durch neue Einnahmen gedeckt wird.

KURZE REKAPITULIERUNG

Aus allem, was ich über den Stand der Finanzen lang und breit auseinandergesetzt habe, folgt, daß der Herrscher seine

22. Die Landbevölkerung zahlte das »Kavalleriegeld«, seit mit der Verlegung der Kavallerie in die Städte die Naturalverpflegung aufhörte.
23. Vgl. S. 131 f.

Einnahmen noch beträchtlich vermehren kann, nicht durch Bedrückung seines Volkes und Auflage neuer Steuern, sondern durch Gewährung von Erleichterungen an seine Untertanen und mit Hilfe von löblichem Gewerbefleiß, durch den man sich bereichert. Bei den allgemeinen Kassen besteht die Hauptsache darin, daß die Kontribution vom Volke und die Pacht von den Pächtern pünktlich entrichtet wird, damit das Militär, die Richter, die Finanzbeamten, die Apanage des Fürstenhauses und alle Staatsausgaben regelmäßig bezahlt werden können. Die Einnahmen der verschiedenen Kassen dürfen weder vermengt noch in Unordnung gebracht und niemals darf das ganze Jahreseinkommen verausgabt werden, damit der Überschuß und der Staatsschatz stets hinreichen, um einen Krieg wenigstens vier Jahre lang auszuhalten und allen Notlagen, in die der Staat geraten kann, gewachsen zu sein. Die Finanzbeamten müssen sorgsam ausgewählt und in militärischer Unterordnung gehalten werden. Dabei ist weniger auf Erteilung neuer Weisungen als auf sorgfältige Befolgung der bestehenden zu achten. Es gibt Verordnungen, die alle drei Jahre wiederholt werden müssen, und es gibt Fiskale, die unablässig zu ihrer Pflicht und zur Kontrolle derer anzutreiben sind, die die Verordnungen nicht beachten.

Von der Urbarmachung, vom Handel und von den Manufakturen habe ich ausreichend gesprochen. Ich habe nur noch ein Wort über die Pflichten des Herrschers hinzuzufügen. Er soll das Volk lieben und bei allen Gelegenheiten, soweit es von ihm abhängt, sein Los erleichtern, indem er ihm Zahlungen erläßt oder die allzu harten Steuern mildert, indem er den Adel und seine Privilegien aufrechterhält, desgleichen die Städte und die Domänenkammern und Fiskale bestraft, die gegen Adlige, Städte und Bauern böswillig Prozesse anstrengen. Der Herrscher soll es als seine Pflicht betrachten, den Adel zu schützen, der den schönsten Schmuck seiner Krone und den Glanz seines Heeres bildet. Darum soll er ihn nicht allein unbehelligt lassen, sondern danach trachten, seine Lage zu verbessern und, soweit es von ihm abhängt, ihn zu bereichern.

Es gibt eine Art Müßiggänger und Nichtstuer, die man Projektenmacher nennt. Der Herrscher hat allen Anlaß, sich vor ihren schlechten Vorschlägen zu hüten. Sie führen zwar immerfort den Vorteil des Herrschers im Munde, aber recht besehen deckt sich dieser Vorteil mit dem Verlust und Ruin seiner Untertanen. Aus meiner Zeit kenne ich keinen Fürsten, der nicht von solchen Spitzbuben hinters Licht geführt worden ist, aber keiner so grob wie der König von Polen.

Ein Fürst, der seine Angelegenheiten in gute Ordnung gebracht hat, könnte noch allerlei schöne Einrichtungen treffen, die eines Vaters des Volkes würdig sind. Zunächst die Gründung und Sicherstellung eines Hauses für 200 Offizierswitwen; das würde 25 000 bis 30 000 Taler erfordern. Ferner in allen großen Städten die Errichtung von Anstalten zur Erziehung der Findelkinder auf Staatskosten. Und schließlich noch eine Akademie (die man in Berlin begründen könnte), um zwanzig junge Edelleute im Studium der Wissenschaften und in allen Leibesübungen heranzubilden, die sich für Leute von Stand geziemen.[24] Diese Projekte habe ich längst gefaßt; ich werde aber vielleicht nie das Glück haben, sie zur Ausführung zu bringen.

24. Dieser Plan gelangte 1765 mit der Gründung der »Académie des Nobles« zur Ausführung; sie bildete eine Art Selekta des Kadettenkorps. Vgl. die eigenhändige Instruktion des Königs: Ges. Werke, Bd. 8, S. 251 ff.

Politik

Die Politik ist die Kunst, mit allen geeigneten Mitteln stets den eigenen Interessen gemäß zu handeln. Dazu muß man seine Interessen kennen, und um diese Kenntnis zu erlangen, bedarf es des Studiums, geistiger Sammlung und angestrengten Fleißes.

Die Politik der Herrscher zerfällt in zwei Teile. Der eine betrifft die innere Verwaltung; er umfaßt die Interessen des Staates und die Erhaltung des Regierungssystems. Der zweite Teil schließt das ganze politische System Europas in sich und verfolgt das Ziel, die Sicherheit des Staates zu befestigen und, soweit möglich (auf gewohnten und erlaubten Wegen), die Zahl der Besitzungen, die Macht und das Ansehen des Fürsten zu mehren.

INNERE POLITIK

Die Finanzwirtschaft, die ich soeben näher dargelegt habe, bildet einen Teil der inneren Politik. Aber das ist nicht alles. Es ist noch mancherlei zu beachten. Zunächst gilt es, den Geist der Völker, die man regieren soll, zu erfassen, damit man weiß, ob sie mild oder streng regiert werden müssen, ob sie rebellisch sind, ob sie zu Unruhen, Intrigen, zur Spottlust usw. neigen, worin ihre Talente bestehen und zu welchen Ämtern sie sich am meisten eignen. Die nachfolgenden Urteile über die Völker, die ich zu regieren die Ehre habe, beziehen sich nur auf den Durchschnitt. Davon sind stets einige auszunehmen, die edler oder lasterhafter veranlagt sind als ihre Mitbürger.

Ich habe die Erfahrung gemacht, daß die *Ostpreußen* feinen und gelenken Geistes sind, daß sie Geschmeidigkeit besitzen (die in Abgeschmacktheit ausartet, sobald sie nicht aus ihrer Provinz herauskommen). Man beschuldigt sie der Falsch-

heit, aber ich glaube nicht, daß sie falscher sind als andere.
Viele Ostpreußen haben gedient und dienen noch mit Auszeichnung sowohl im Heere wie in der Verwaltung. Aber
ich würde wider besseres Wissen handeln, wollte ich einen
einzigen von denen, die ich persönlich kennen gelernt habe,
der Falschheit bezichtigen.

Die *Pommern* haben einen geraden und schlichten Sinn.
Unter den Untertanen aller Provinzen eignen sie sich am
besten für den Kriegsdienst wie für alle anderen Ämter. Nur
mit diplomatischen Verhandlungen möchte ich sie nicht
betrauen, weil ihr Freimut nicht für Geschäfte paßt, bei
denen man der Schlauheit mit Schläue begegnen muß.

Der Adel der *Kurmark* ist genußsüchtig. Er besitzt weder
den Geist der Ostpreußen noch die Solidität der Pommern.
Der *Magdeburgische* Adel besitzt mehr Scharfsinn und hat
einige große Männer hervorgebracht.

Die *Niederschlesier* sind das, was man brave Menschen
nennt, etwas beschränkt: das ist aber nur die Folge ihrer
schlechten Erziehung. Sie sind eitel, lieben Luxus, Verschwendung und Titel, hassen stetige Arbeit und den zähen
Fleiß, den die militärische Zucht erfordert. Wer dem schlesischen Adel eine bessere Erziehung beibringt, wird ihm wie
Prometheus das himmlische Feuer schenken. Der *oberschle-
sische* Adel besitzt die gleiche Eitelkeit, dabei mehr Geist,
aber auch weniger Anhänglichkeit an die preußische Regierung, da er stockkatholisch ist und die Mehrzahl seiner Ver-
wandten unter österreichischer Herrschaft steht.

Die Edelleute der Grafschaft *Mark* und des *Mindener* Landes haben dém Staate gute Untertanen geliefert. Bei ihrer
etwas groben Erziehung fehlt ihnen der Schliff des Welt-
manns. Aber sie haben dafür ein Talent, das höher steht:
sie machen sich dem Vaterlande nützlich.

Der *Clevische* Adel ist dumm, wirr und im Rausche gezeugt.
Er besitzt weder angeborene noch erworbene Talente.

Im großen und ganzen stellt der Adel eine Körperschaft
dar, die Achtung verdient. Besonders hebe ich den pommer-

schen, ostpreußischen, märkischen und magdeburgischen Adel sowie den Adel von Minden und der Grafschaft Mark hervor. Dieser würdige Adel hat Gut und Blut im Dienste des Staates geopfert. Seine Treue und seine Verdienste müssen ihm den Schutz aller seiner Herrscher sichern. Es ist ihre Pflicht, die verarmenden Familien zu unterstützen und sie im Besitze ihrer Güter zu erhalten. Denn der Adelsstand bildet die Grundlage und die Säulen des Staates.

In Preußen sind keine Parteiungen und Empörungen zu befürchten. Der Herrscher braucht nur milde zu regieren und sich vor einigen verschuldeten oder unzufriedenen Edelleuten oder vor einigen Domherren und Mönchen in Schlesien zu hüten. Aber auch die sind keine offenen Feinde: ihre Machenschaften beschränken sich auf Spionendienste für unsere Feinde.

Nur bei wenigen Anlässen ist Strenge geboten. Ich habe bisher das Glück gehabt, mehr über Mangel an Belohnungen für verdiente Männer als über Mangel an Gefängnissen zur Einsperrung von Missetätern klagen zu müssen. General Walrave ist der einzige, den ich in Haft setzen mußte[1], weil er zu den Österreichern übergehen und ihnen die Pläne meiner Festungen ausliefern wollte.

Außer diesen allgemeinen und allzu unbestimmten Kenntnissen muß der Herrscher Menschenkenntnis besitzen und die Leute ergründen, deren er sich bedienen will. Er muß ihre Verdienste, ihre starken und schwachen Seiten in Erfahrung bringen, um jeden seinen Fähigkeiten entsprechend zu verwenden. Herrscher, die ihre Minister und Generale allein nach ihrer äußeren Erscheinung beurteilen, übertragen die Verwaltung ihrer Finanzen einem Schurken von liebenswürdigem Äußern, eine kühne Unternehmung im Felde einem langsamen General, den sie für tatenlustig hielten, einen Auftrag, der Klugheit erheischt, einem Leichtfuß, der die Ehre genießt, ihnen Kuppeldienste zu leisten. Dadurch

---

1. In Magdeburg 1748.

verderben sie alles. Nur wenige Menschen sind ohne Talent
geboren. Jeden auf den rechten Platz stellen heißt doppelten Vorteil aus allen ziehen. Dann täuscht man sich nicht
und gibt dem Staatskörper erhöhte Kraft und Stärke, weil
alles in seinem Dienste steht und alles nützliche Dienste zu
leisten vermag.

Einige politische Maximen, den Adel betreffend

Ein Gegenstand der Politik des Königs von Preußen ist die
Erhaltung seines Adels. Denn welcher Wandel auch eintreten
mag, er wird vielleicht einen reicheren, aber niemals einen
tapfereren noch treueren Adel bekommen. Damit der Adel
sich in seinem Besitz behauptet, ist zu verhindern, daß die
Bürgerlichen adlige Güter erwerben, und zu veranlassen, daß
sie ihre Kapitalien im Handel anlegen, so daß, wenn ein
Edelmann seine Landgüter verkaufen muß, nur Edelleute sie
erwerben.
Ebenso ist zu verhindern, daß der Adel in fremde Dienste
geht. Vielmehr muß ihm patriotischer Sinn und Standesbe-
wußtsein eingeflößt werden. Daran habe ich gearbeitet und
während des Ersten Schlesischen Krieges mir alle mögliche
Mühe gegeben, den gemeinschaftlichen Namen Preußen in
Aufnahme zu bringen, damit die Offiziere lernen, daß sie
alle, aus welcher Provinz sie auch stammen, als Preußen zu
gelten haben und daß aus dem gleichen Grunde alle Provinzen, obwohl voneinander getrennt, doch nur ein einziges
Staatsgebilde ausmachen.
Es gehört sich, daß der Adel seine Dienste lieber seinem
Vaterlande als irgendeiner anderen Macht widmet. Aus diesem Grunde sind gegen die Edelleute, die ohne Erlaubnis
in fremde Dienste gehen, strenge Verordnungen erlassen.
Da aber viele Edelleute Müßiggang und erbärmliches Leben
dem Waffenruhm vorziehen, so sind denen, die dem Staate
dienen, Auszeichnungen und Vorrechte zu verleihen; denen
aber, die nicht dienen, sind sie vorzuenthalten. Von Zeit zu

Zeit sind die jungen Edelleute in Pommern, Ostpreußen und Oberschlesien zu versammeln, um sie unter die Kadetten zu stecken und darauf in die Armee einzustellen.

Städte und Bürger

Ich habe den Städten in den alten Provinzen die Freiheit gelassen, ihren Magistrat zu wählen, und mich in diese Wahlen nur dann eingemischt, wenn sie Mißbrauch damit trieben und einzelne Familien zum Nachteil der anderen alle Gewalt an sich rissen. In Schlesien habe ich ihnen das Wahlrecht genommen, damit sie die Schöffenstühle nicht mit Leuten besetzen, die dem Hause Österreich ergeben sind. Mit der Zeit und sobald die gegenwärtige Generation ausgestorben ist, kann man den Schlesiern ihr Wahlrecht unbesorgt wiedergeben.

Die Bauern

Ich habe den Bauern die Frondienste erleichtert, die sie ehedem zu leisten hatten. Statt sechs Tage in der Woche wie früher haben sie jetzt nur drei Tage zur Frone zu arbeiten. Das hat die dem Adel gehörenden Bauern aufgebracht, und sie haben sich an vielen Orten ihren Herren widersetzt. Der Herrscher soll das Gleichgewicht zwischen Bauer und Edelmann erhalten, so daß sie einander nicht zugrunde richten. In Schlesien, mit Ausnahme von Oberschlesien, geht es dem Bauer sehr gut. In Oberschlesien ist er ein Sklave. Man müßte ihn mit der Zeit freizumachen suchen. Ich habe auf meinen Domänen das Beispiel gegeben und damit begonnen, ihn auf gleichen Fuß mit dem niederschlesischen Bauern zu setzen.

Den Bauern ist zu verwehren, daß sie Ländereien von Adligen kaufen, und die Adligen sind am Bauernlegen zu verhindern. Denn die Bauern können nicht als Offiziere im Heere dienen, und die Adligen vermindern durch Erwerbung von Bauernland die Zahl der Einwohner und Ackerbauer.

Die Geistlichen und die Religion

Katholiken, Lutheraner, Reformierte, Juden und zahlreiche
andere christliche Sekten wohnen in Preußen und leben
friedlich beieinander. Wenn der Herrscher aus falschem Eifer auf den Einfall käme, eine dieser Religionen zu bevor-
zugen, so würden sich sofort Parteien bilden und heftige
Streitereien ausbrechen. Allmählich würden Verfolgungen
beginnen, und schließlich würden die Anhänger der verfolgten Religion ihr Vaterland verlassen, und Tausende von
Untertanen würden unsere Nachbarn mit ihrem Gewerbefleiß bereichern und deren Volkszahl vermehren.

Für die Politik ist es völlig belanglos, ob ein Herrscher religiös ist oder nicht. Geht man allen Religionen auf den
Grund, so beruhen sie auf einem mehr oder minder wider-
sinnigen System von Fabeln. Ein Mensch von gesundem
Verstand, der diese Dinge kritisch untersucht, muß unfehlbar ihre Verkehrtheit erkennen. Allein diese Vorurteile,
Irrtümer und Wundergeschichten sind für die Menschen gemacht, und man muß auf die große Masse so weit Rücksicht
nehmen, daß man ihre religiösen Gefühle nicht verletzt,
einerlei, welchem Glauben sie angehören.

Die Juden sind von allen diesen Sekten die gefährlichsten;
denn sie schädigen den Handel der Christen und sind für
den Staat nicht zu brauchen.[2] Wir haben die Juden zwar
wegen des Kleinhandels mit Polen nötig, aber wir müssen
verhindern, daß sie sich vermehren. Sie dürfen nicht nur
eine gewisse Zahl von Familien, sondern auch eine gewisse
Kopfzahl nicht überschreiten. Wir müssen ihren Handel ein-
schränken, indem wir sie vom Großhandel fernhalten und
ihnen nur den Kleinhandel gestatten.

Die Hauptmasse der Katholiken sitzt in Schlesien. Man läßt
ihnen die freie Ausübung ihrer Religion. Damit aber die
Klöster mit ihrem Zölibat die Hoffnungen der Familien
nicht begraben, darf niemand vor erfolgter Großjährigkeit

2. Vgl. S. 35.

Mönch oder Nonne werden. Sonst lasse ich den Geistlichen jede Freiheit und die ihnen zustehenden Rechte. Die Priester sind ziemlich zuverlässig, die Mönche neigen mehr zum Hause Österreich. Aus diesem Grunde lasse ich sie 30 Prozent ihrer Einnahmen an den Staat entrichten, damit sie doch zu etwas nütze sind. Die Jesuiten, die gefährlichste Gattung unter allen Mönchen, gehören in Schlesien zu den ganz fanatischen Anhängern des Hauses Österreich. Um Altar gegen Altar zu setzen, habe ich gebildete französische Jesuiten kommen lassen, die den schlesischen Adel erziehen. Durch die Erbitterung zwischen den französischen und deutschen Mönchen werden die Ränke vereitelt, die sie sonst zugunsten des Hauses Österreich spinnen könnten. Die fanatische Parteilichkeit der Domherren für die Königin Maria Theresia hat mich gezwungen, darauf zu sehen, daß alle erledigten Stellen nur mit friedfertigen Männern besetzt werden.

Ich bin gewissermaßen der Papst der Lutheraner und das kirchliche Haupt der Reformierten. Ich ernenne die Prediger und fordere von ihnen nichts als Sittenreinheit und Versöhnlichkeit. Ich erteile Ehedispense und bin in diesem Punkte sehr nachsichtig, da die Ehe im Grunde nur ein bürgerlicher Vertrag ist, der gelöst werden kann, sobald beide Parteien damit einverstanden sind. Außer wenn es sich um Bruder und Schwester, Mutter und Sohn, Tochter und Vater handelt, erlaube ich nachsichtig, daß man sich nach Herzenslust heirate; denn diese Verbindungen stiften keinerlei Schaden.

Alle anderen christlichen Sekten werden in Preußen geduldet. Dem ersten, der einen Bürgerkrieg entzünden will, schließt man den Mund, und die Lehrer der Neuerer werden der verdienten Lächerlichkeit preisgegeben. Ich bin neutral zwischen Rom und Genf.[3] Will Rom sich an Genf vergreifen, so zieht es den kürzeren. Will Genf Rom unter-

<hr />

3. Vgl. Voltaires *Henriade*, II, 5.

drücken, so wird Genf verdammt. Auf diese Weise kann
ich dem religiösen Haß steuern, indem ich allen Parteien
Mäßigung predige. Ich suche aber auch Einigkeit unter ihnen
zu stiften, indem ich ihnen vorhalte, daß sie Mitbürger eines
Staates sind, und daß man einen Mann im roten Kleide ganz
ebenso lieben kann wie einen, der ein graues Gewand
trägt.

Ich suche gute Freundschaft mit dem Papst zu halten, um
dadurch die Katholiken zu gewinnen und ihnen begreiflich
zu machen, daß die Politik der Fürsten die gleiche bleibt,
auch wenn die Religion, zu der sie sich bekennen, verschieden ist. Indessen rate ich der Nachwelt, dem römischen
Klerus nicht zu trauen, ohne zuverlässige Beweise seiner
Treue zu besitzen.

Die Prinzen von Geblüt

Es gibt eine Art Zwitterwesen, die weder Herrscher noch
Privatleute sind und die sich bisweilen sehr schwer regieren
lassen: das sind die Prinzen von Geblüt. Ihre hohe Abstam-
mung flößt ihnen einen gewissen Hochmut ein, den sie Adel
nennen. Er macht ihnen den Gehorsam unerträglich und jede
Unterwerfung verhaßt. Sind irgendwelche Intrigen, Kaba-
len oder Ränke zu befürchten, von ihnen können sie aus-
gehen. In Preußen haben sie weniger Macht als irgendwo
sonst. Aber das beste Verfahren ihnen gegenüber besteht
darin, daß man den ersten, der die Fahne der Unabhängigkeit erhebt, energisch in seine Schranken weist, alle mit der
ihrer hohen Herkunft gebührenden Auszeichnung behandelt,
sie mit allen äußeren Ehren überhäuft, von den Staatsgeschäften aber fernhält und ihnen nur bei genügender Sicherheit ein militärisches Kommando anvertraut, das heißt, wenn
sie Talent und einen zuverlässigen Charakter besitzen.

Was ich von den Prinzen sage, gilt ebenso von den Prinzes-
sinnen, die sich nie und unter keinerlei Vorwand in die Regierung einmischen dürfen.

Strafen und Belohnungen

Zwei Haupttriebfedern regieren die Menschen: Furcht vor Strafe und Hoffnung auf Belohnung. Wer sie recht leiten will, hindert sie durch Androhung strenger Ahndung an der Übertretung der Gesetze der Gesellschaft, in der sie leben, ermuntert sie aber zu löblichen Handlungen und feuert sie an mit der Lockspeise der Glücksgüter. Preußens Herrscher haben zum Glück selten Strenge nötig. Nur Hochverrat verdient harte Bestrafung. Jedoch läßt sich oft verhüten, daß Menschen sich zu solchen Schandtaten verführen lassen. Im letzten Kriege erfuhr ich, daß der Abt von Grüssau mit einigen Geistlichen und Edelleuten eine Verschwörung zugunsten des Wiener Hofes anzettelte. Ich ließ sie gefangen setzen oder verbannte sie während der Kriegswirren in andere Provinzen. Dadurch wurde ihnen die Möglichkeit genommen, sich schuldig zu machen, und sie entgingen Bestrafungen, die sie unfehlbar getroffen hätten, wenn sie frei ihrer Neigung hätten folgen dürfen. Nach dem Frieden kehrten sie ruhig in ihre Heimat und zu ihren Geschäften zurück, und die Vernünftigen unter ihnen müssen mir Dank dafür wissen, daß ich sie gezwungen habe, ihre Unschuld zu bewahren.

Ich sagte es schon und wiederhole es: In Preußen ist man häufiger in Verlegenheit, alle verdienstvollen Handlungen gebührend zu belohnen, als in der Zwangslage, schlechte zu bestrafen. Man kann die Tugend nicht hoch genug achten, noch die, die sie üben, genug ermutigen. Das Staatsinteresse verlangt, daß alle Bürger sich der Tugend befleißigen. Von der Tugend soll man sprechen, wackere Taten sind herauszustreichen, damit sie womöglich noch größeren Glanz erhalten und die für sie empfänglichen Seelen zur Nacheiferung anspornen. Ja, sollte auch ein Mensch den seelischen Schwung der edlen Geister nicht von der Natur empfangen haben und aus Gier nach Ehre und Belohnungen doch eine schöne Tat vollbringen, so wäre damit schon viel gewonnen. Mag

auch der Beweggrund an sich niedrig sein, die wackere Tat
gereicht der Allgemeinheit trotzdem zum Vorteil. Die nützlichsten Bürgertugenden sind Menschlichkeit, Billigkeit, Tapferkeit, Wachsamkeit und Arbeitslust. Sie schaffen Menschen, die für den Zivildienst wie für das Heer gleich nützlich sind. Derartige Eigenschaften müssen belohnt werden.

Einen Mann ohne Verdienst nur aus Gunst bereichern heißt
ebenso blind sein wie das Glück. Einen Kuppler mit Wohltaten überhäufen heißt der Öffentlichkeit sagen: Kommt,
leistet dieselbe Gefälligkeit, und ihr werdet Belohnungen
ernten. Einen Jäger zu hohen Würden erheben heißt bezeugen, daß die Jagd der erste Beruf, das erste Handwerk im
Staate ist, und den Adel ermutigen, vorzugsweise dieses Ge-
werbe zu ergreifen. Was ist aber die Folge solcher falschen
Auszeichnungen? Das Verdienst welkt in Vergessenheit dahin, die Tugend genießt die ihr schuldige Achtung nicht und
weil der Wettstreit und der Ansporn fehlen, werden viele
Menschen, die zum Guten neigen, nachlässig und leisten dem
Staat nicht alle Dienste, die er von ihnen erwarten kann.
Zu den Leuten, die belohnt werden müssen, zählen unbe-
stechliche Richter, Finanzbeamte, die die Einnahmen der
Krone durch ihren Fleiß vermehrt haben, ohne das Volk zu
bedrücken, Diplomaten, die in kritischen Zeiten mit Treue
und Geschicklichkeit gedient haben, Militärs, die hochherzig
ihr Leben für das Vaterland auf das Spiel gesetzt haben,
die sich durch lange Dienste oder Verwundungen Anspruch
darauf erworben haben, erfahrene Offiziere, die künftig
gute Dienste zu leisten vermögen, andere, die ihre Gesundheit eingebüßt haben und nicht mehr imstande sind, ihr Amt
zu versehen, und denen in ihrer Not nicht beizustehen un-
dankbar wäre. Kurz, für wen sollten die Belohnungen bestimmt sein, wenn nicht für Offiziere, die sich im Kriege
durch glänzende, mit Geschick geleitete und mit Kühnheit
ausgeführte Taten auszeichnen? Für die große Zahl von
Männern, die mit Recht nach Belohnungen streben, haben

wir nur zwei Ordenszeichen[4], die mit keinerlei Pension verbunden sind, 40 Amtshauptmannschaften, Pfründen in den Domkirchen von Magdeburg, Halberstadt, Minden, Brandenburg und Kamin, einige Gouverneurstellen mit geringen Bezügen, Pensionen aus den Pfründen von Schlesien und aus den Komtureien des Malteserordens, außerdem noch einige Pensionen von der Domänenkasse. Wie gering auch diese Belohnungen sind, sie müssen doch geschickt verwendet werden, und die Art und Weise der Verleihung muß den Wert dessen, was man gibt, erhöhen. Hat die Gunst bei der Austeilung dieser Wohltaten keinerlei Anteil und wird nur das Verdienst belohnt, so ist das sicher das unfehlbarste Mittel zur Ermutigung der Tugend. Auch erreicht man dadurch, daß viele Menschen die Tugend wenigstens äußerlich zur Schau tragen, während sie unter jeder anderen Regierung ihren Lastern freien Lauf lassen würden. Jeder Staat, in dem die Tugend überwiegt, ist den anderen auf die Dauer überlegen. In ihm werden wackere Taten in größerer Zahl vollbracht als bei allen Nachbarn, und daher wird auch die Zahl der großen Männer bedeutender sein als bei anderen Völkern. Da alle Menschen aus angeborener Unruhe unablässig nach Verbesserung ihrer Lage streben, so muß man die Belohnungen sparsam verteilen, um stets irgendwelche Auszeichnung übrig zu haben, mit der man die Unersättlichsten befriedigt. Wenig und oft geben ist ein untrügliches Mittel, die Menschen glücklich zu machen.

Eine schöne Eigenschaft des Herrschers ist es, daß er das Verdienst im Verborgenen aufsucht und eine wackere Tat belohnt, die ohne Zeugen vollbracht ist. Darauf soll er sein Augenmerk lenken und ebenso viele Spione halten, um die guten Eigenschaften der Bürger zu ermitteln, wie die Tyrannen, um Verschwörungen aufzudecken, die man gegen sie anzettelt.

---

4. Der Schwarze Adlerorden und der Orden ›Pour le mérite.‹

Soll ein Fürst geizig oder verschwenderisch sein?

Ich glaube, es ist für den Herrscher ebensowenig ratsam,
geizig wie verschwenderisch zu sein. Er soll vielmehr sparsam und freigebig sein. Sparsam, weil er die Güter des Staates verwaltet, weil das Geld, das er empfängt, Blut und
Schweiß des Volkes ist und er es zum Besten des ganzen
Staatskörpers verwenden muß. Wer dieses Geld im Frieden
zur Unzeit ausgibt und im Kriege für große Dinge nichts
übrig hat, wer alle seine Einnahmen ohne Rücksicht auf die
Zukunft vergeudet und das Volk durch neue Auflagen bedrücken muß, wenn der Staat angegriffen wird, der handelt
unvernünftig und eher wie ein Tyrann als wie ein Vater
des Volkes. Ein Staatsmann darf niemals sagen: ich habe
nicht geglaubt, daß dieses oder jenes geschehen könnte. Sein
Beruf verlangt, daß er alles vorhersieht und auf alles gerüstet ist. Wer also in Preußen, das sich nur durch seinen
Gewerbefleiß behauptet, das Regiment führt, muß unverzüglich erkennen, daß er keine anderen Geldmittel besitzt
als die, die er während des Friedens sammelt. Er muß taub
gegen das sein, was die Öffentlichkeit sagt, und ihr nichtiges
Urteil verachten. Wenn sie Euch beschuldigt, geizig oder
knauserig zu sein, was liegt daran? Sie urteilt nach falschen
Begriffen und würde Eure Ansicht teilen, wenn ihr Eure
Gründe bekannt wären. Man muß das einmal als richtig er-
kannte System befolgen, ohne sich durch das Gezirpe der
Grillen oder durch das Gequake der Frösche von seinem
Wege abbringen zu lassen.

Wir brauchen etwa fünf Millionen zur Bestreitung eines
Feldzuges. Die Kosten für vier Feldzüge betragen also
zwanzig Millionen. Diese zwanzig Millionen anzuhäufen
und die anderen Kassen nach dem im Abschnitt über die
Finanzen entwickelten Plane[5] zu füllen ist eine Pflicht des
Herrschers, eine Sorge, von der er sich nicht lossagen kann

5. Vgl. S. 18 f., 36 f.

und für die das Volk ihm Dank weiß, wenn es in Kriegszeiten nicht mit neuen Auflagen bedrückt wird.

Ein sparsamer Fürst ist weise und vorausschauend. Er be-
reitet sich im voraus Hilfsquellen und sammelt durch Be-
schränkung seines Aufwandes und seiner Ausgaben die Gelder, die er bei gegebener Zeit zu Erleichterungen für sein
Volk bestimmt. Ein verschwenderischer Fürst gleicht einem
Körper mit stets verdorbenem Magen, der mit Gier ißt,
dem aber selbst die nahrhaftesten Speisen nichts nützen. Ein
freigebiger Fürst gleicht einem gesunden Körper, der sich
mit Maß nährt und allen seinen Gliedern gleichmäßige
Kraft und Stärke durch die Adern zuführt. Ein verschwenderischer Fürst ist gewissermaßen ein Narr, der unnütze
Ausgaben macht und die nötigen verabsäumt. Es gibt trau-
rige Beispiele dafür, welches Unglück Verschwender über die
Völker gebracht haben. Mein Großvater gab alle seine Einkünfte und alle Subsidien, die er erhielt,[6] für einen zahlreichen und schlecht gewählten Hofstaat aus. Als Ostpreußen durch die Pest verheert wurde (1709), hätten mit einem
Aufwand von 20 000 Talern für Brot, das an die Unglücklichen verteilt wurde, 200 000 Seelen und mehr gerettet
werden können; aber infolge des Geldmangels und der kin-
dischen Vergeudung ließ man so viele Staatsbürger kalt-
herzig umkommen, ohne ihnen im geringsten beizustehen.

Die Freigebigkeit ist eine scharfsichtige Tugend, die mit
Sachkenntnis handelt. Sie ist bereit, den Unglücklichen zu
helfen, Hab und Gut mit ihnen zu teilen. Sie belohnt mit
voller Hand die Dienste. Sie ist die letzte Rettung und die
Zuflucht aller, deren einzige Hoffnung der Beistand des
Fürsten ist. Sie kommt den Bedürfnissen zuvor, lindert,
wo sie kann; und wenn sie aus dem Herzen kommt, so ist
sie bescheiden, milde, fordert keinerlei Anerkennung und
hat es nicht eilig, die Welt von ihren Wohltaten zu unterrichten. Wenig für sich verbrauchen, im rechten Augenblick

---

6. Von Österreich auf Grund des Krontraktates vom 16. November
1700.

und hinlänglich geben, beizeiten Erleichterung schaffen,
den Hilfsbedürftigen zuvorkommen, mit den Staatsgeldern
haushälterisch umgehen, sie ordentlich und sparsam verwalten: das sind königliche Eigenschaften, die dem Geize wie
der Verschwendung in gleichem Maße fernbleiben.

Preußen ist zu arm, um große Pensionen an Müßiggänger
zu bezahlen. Man muß nach Möglichkeit gute, arbeitsame
und tätige Untertanen anstellen und sie so besolden, daß
sie davon anständig leben können. Wer keine Talente besitzt, darf auch keinerlei Fortkommen für seine Person erwarten.

Soll ein Fürst selbst regieren?

In einem Staate wie Preußen ist es durchaus notwendig,
daß der Herrscher seine Geschäfte selbst führt. Denn ist er
klug, wird er nur dem Staatsinteresse folgen, das auch das
seine ist. Ein Minister dagegen hat, sobald seine eigenen Interessen in Frage kommen, stets Nebenabsichten. Er besetzt
alle Stellen mit seinen Kreaturen, statt verdienstvolle Leute
zu befördern, und sucht sich durch die große Zahl derer, die
er an sein Schicksal kettet, auf seinem Posten zu befestigen.
Der Herrscher dagegen wird den Adel stützen, die Geistlichkeit in die gebührenden Schranken weisen, nicht dulden,
daß die Prinzen von Geblüt Ränke spinnen, und das Verdienst ohne jene eigennützigen Hintergedanken belohnen,
die die Minister bei allen ihren Handlungen hegen.

Ist es aber schon notwendig, daß der Herrscher die inneren
Angelegenheiten seines Staates selber lenkt, um wieviel mehr
muß er dann seine äußere Politik selbst leiten, die Allianzen
schließen, die ihm zum Vorteil gereichen, seine Pläne selber
entwerfen und in bedenklichen und schwierigen Zeitläuften
seine Entschlüsse fassen.

Bei dem innigen Zusammenhang zwischen Finanzen, innerer
Verwaltung, äußerer Politik und Heerwesen ist es unmöglich, einen dieser Zweige ohne Rücksicht auf die anderen
zu behandeln. Sobald das geschieht, fahren die Fürsten

schlecht. In Frankreich regieren vier Fachminister das Königreich: der Finanzminister unter dem Namen des Generalkontrolleurs, der Marineminister, der Kriegsminister und der Minister der auswärtigen Angelegenheiten. Diese vier Könige verständigen sich und vertragen sich nie. Daher kommen all die Widersprüche, die wir in der französischen Regierung sehen. Eifersüchtig stößt der eine um, was der andere mit Geschick aufbaut. Da gibt es kein System, keinen Plan, der Zufall herrscht, und alles ist in Frankreich der Spielball der Umtriebe am Hofe.[7] Die Engländer erfahren alles, was in Versailles vorgeht. Da gibt es kein Geheimnis, und folglich läßt sich auch keine Politik treiben.

Eine gut geleitete Staatsregierung muß ein ebenso festgefügtes System haben wie ein philosophisches Lehrgebäude. Alle Maßnahmen müssen gut durchdacht sein, Finanzen, Politik und Heerwesen auf ein gemeinsames Ziel steuern: nämlich die Stärkung des Staates und das Wachstum seiner Macht. Ein System kann aber nur aus einem Kopfe entspringen; also muß es aus dem des Herrschers hervorgehen. Trägheit, Vergnügungssucht und Dummheit: diese drei Ursachen hindern die Fürsten an ihrem edlen Berufe, für das Glück ihrer Völker zu wirken. Solche Herrscher machen sich verächtlich, werden zum Spott und Gelächter ihrer Zeitgenossen, und ihre Namen geben in der Geschichte höchstens Anhaltspunkte für die Chronologie ab. Sie vegetieren auf dem Throne, dessen sie unwürdig sind, und denken nur an das liebe Ich. Ihre Pflichtvergessenheit gegen ihre Völker wird geradezu strafbar. Der Herrscher ist nicht zu seinem hohen Rang erhoben, man hat ihm nicht die höchste Macht anvertraut, damit er in Verweichlichung dahinlebe, sich vom Mark des Volkes mäste und glücklich sei, während alles darbt. Der Herrscher ist der erste Diener des Staates.[8] Er wird gut

7. Vgl. Ges. Werke, Bd. 2, S. 134.
8. Vgl. die synonymen Wendungen in Friedrichs *Antimachiavell* (Ges. Werke, Bd. 7, S. 6), den *Denkwürdigkeiten zur Geschichte des Hauses Brandenburg* (ebenda, Bd. 1, S. 117), der *Rechtfertigung meines poli-*

besoldet, damit er die Würde seiner Stellung aufrechterhalte.
Man fordert aber von ihm, daß er werktätig für das Wohl
des Staates arbeite und wenigstens die Hauptgeschäfte mit
Sorgfalt leite. Er braucht zweifellos Gehilfen. Die Bearbei-
tung der Einzelheiten wäre zu umfangreich für ihn. Aber er
muß ein offenes Ohr für alle Klagen haben, und wem Ver-
gewaltigung droht, dem muß er schleunig sein Recht schaffen. Ein Weib wollte einem König von Epirus[9] eine Bitt-
schrift überreichen. Hart fuhr er sie an und gebot ihr, ihn
in Ruhe zu lassen. »Wozu bist du denn König«, erwiderte
sie, »wenn nicht, um mir Recht zu schaffen?« Ein schöner
Ausspruch, dessen die Fürsten unablässig eingedenk sein
sollten.
Wir haben in Preußen das Generaldirektorium, die Justiz-
behörden und die Kabinettsminister. Tag für Tag senden sie
an den König ihre Berichte mit eingehenden Denkschriften
über die Gegenstände, die seine Entscheidung erfordern. In
strittigen oder schwierigen Fällen erörtern die Minister das
Für und Wider selbst. Damit setzen sie den Herrscher in
den Stand, seine Entscheidung auf den ersten Blick zu treffen, vorausgesetzt, daß er sich die Mühe gibt, die vorgetra-
genen Sachen gründlich und mit Verständnis zu lesen. Ein
klarer Kopf erfaßt den Kernpunkt einer Frage mit Leichtig-
keit. Diese Methode der Geschäftsführung verdient den
Vorzug vor der sonst üblichen, wo der Herrscher im Mini-
sterrate präsidiert; denn aus großen Versammlungen gehen
keine weisen Beschlüsse hervor. Auch sind die Minister, die
meist gegeneinander intrigieren, uneins; Persönliches, Haß
und Leidenschaft wird in die Staatsangelegenheiten hinein-
getragen; die mündliche Debatte mit ihrem oft heftigen Wi-

tischen Verhaltens vom Juli 1757 (ebenda, Bd. 3, S. 209), in dem
Schreiben an die Kurfürstin-Witwe Maria Antonia von Sachsen vom
8. März 1766 (ebenda, Bd. 12, S. 152) und in der Abhandlung *Regierungsformen und Herrscherpflichten* von 1777 (ebenda, Bd. 7, S. 226
und 235).
9. Vielmehr Philipp von Mazedonien.

derstreit der Meinungen verdunkelt die Sachlage, die sie
aufklären soll, und schließlich bleibt das Geheimnis, die
Seele der Geschäfte, bei so vielen Mitwissern nie völlig ge-
wahrt.

In schwierigen Fällen kann es sich empfehlen, einen Minister, den man für den klügsten und sachverständigsten hält,
um Rat anzugehen. Will man noch einen zweiten befragen,
so geschehe das getrennt, um nicht durch Bevorzugung der
Ansicht des einen ewige Zwietracht zwischen beiden zu säen.
Ich verschließe mein Geheimnis in mir selbst. Nur einen einzigen Sekretär[10], von dessen Treue ich überzeugt bin, ziehe
ich heran. Wofern man mich also nicht selbst besticht, ist
es unmöglich, meine Absichten zu erraten. Die Minister
sind nur mit den Angelegenheiten betraut, die das Deutsche Reich betreffen. Alle wichtigen Verhandlungen, Verträge oder Allianzen gehen durch meine Hände.

Das Zeremoniell

Die meisten Könige Europas haben sich selbst eine Art von
Ketten geschmiedet, unter deren Last sie oft seufzen. Mein
Vater besaß den Mut, die seinen zu brechen, und seinen
Spuren folgend, habe ich das mir überlieferte Maß der Freiheit getreulich bewahrt. Ich habe ihn sogar noch überboten,
indem ich mir die fremden Gesandten soweit wie nur irgend
möglich vom Leibe halte. Es gibt in Preußen keine Rang-
stufen, keine Etikette, keine Botschafter. Dadurch sind
wir gesichert vor allen Streitigkeiten um den Vortritt und vor
allen aus dem Stolze der Könige entspringenden Schikanen,
die an anderen Höfen ernste Aufmerksamkeit beanspruchen
und eine Zeit verschlingen, die man nützlicher für das All-
gemeinwohl anwenden kann.

---

10. August Friedrich Eichel.

ÄUSSERE POLITIK

Die Provinzen der preußischen Monarchie liegen fast alle voneinander getrennt. Der Kern des Staates, in dem seine Kraft ruht, umfaßt die Kurmark, Pommern, Magdeburg, Halberstadt und Schlesien. Diese Provinzen bilden das Herz des Staates. Sie verdienen in erster Linie die Fürsorge des Herrschers; denn in ihnen kann er gründliche Maßnahmen treffen, sowohl für die inneren Verhältnisse wie für die Landesverteidigung.

Ostpreußen ist von Pommern durch Polnisch-Preußen getrennt; es grenzt an Polen und Rußland, dessen Zarin in Kurland[11] allmächtig ist. Das Herzogtum Cleve und Ostfriesland berühren sich mit Holland. Schlesien stößt an Böhmen und Mähren, ja sogar an Ungarn. Die Kurmark und das Herzogtum Magdeburg umschließen Sachsen; Pommern ist nur durch die Peene von den deutschen Besitzungen des Königs von Schweden geschieden, und das Fürstentum Minden ist von Gebieten von Hannover, Münster, Hessen-Kassel, Hildesheim und Braunschweig durchsetzt.

Wie Ihr seht, macht uns diese geographische Lage zu Nachbarn der größten europäischen Herrscher. Alle diese Nachbarn sind ebenso viele Neider oder geheime Feinde unserer Macht. Die Lage ihrer Länder, ihr Ehrgeiz, ihre Interessen, alle diese verschiedenen Faktoren bilden die Grundlage ihrer mehr oder minder versteckten Politik, je nach den Zeitläuften und Verhältnissen.

Unter diesen Mächten ist das Haus *Österreich* zweifellos am ehrgeizigsten. Der kaiserliche Hochmut vererbt sich in dem Herrscherhause vom Vater auf den Sohn. Alle seine Pläne wurzeln in dem Bestreben, Deutschland zu unterwerfen, die Grenzen seiner Herrschaft zu erweitern und seine Familienmitglieder zu versorgen. Von allen europäi-

11. Das Herzogtum Kurland, unter polnischer Lehnshoheit stehend, wurde erst 1795 dem russischen Reiche einverleibt.

schen Mächten haben wir Österreich am tiefsten verletzt. Nie wird es den Verlust Schlesiens verschmerzen, nie vergessen, daß es sein Ansehen in Deutschland mit uns teilen muß. Seine jetzige Politik geht darauf aus, sein Heer zu reorganisieren, seine Finanzen zu ordnen und so lange Frieden zu halten, bis diese Maßnahmen vollendet sind, ferner sich durch Bündnisse zu stärken. Daher hat es sich so eng wie möglich mit Rußland, England und Sachsen verbündet[12] und auch Holland zu gewinnen versucht. Es hat mit Spanien und dem König von Sardinien einen Neutralitätsvertrag über Italien geschlossen,[13] und zwar in Gestalt eines Garantievertrages über die gegenseitigen Besitzungen. Dadurch behält das Haus Österreich freie Hand in der Lombardei und verrät damit deutlich seine Absicht, seine Kräfte anderswo einzusetzen.

Trotz dieser Maßregeln ist der Wiener Hof zu klug, um Preußen unmittelbar anzugreifen. Aber er hat einen Plan gefaßt, der vielleicht ein politisches Meisterstück ist, da er die größten Vorteile in sich schließt. Dieser Plan besteht darin, die polnische Krone dem Prinzen Karl von Lothringen[14] zu verschaffen. Sein Gedankengang ist dabei folgender: »Durch den Petersburger Vertrag verspricht uns Rußland, die Wahl des Prinzen Karl zum König von Polen mit einem Hilfskorps von 30 000 Mann zu unterstützen.[15] Läßt der König von Preußen das zu, so werden wir weit mächtiger als er; Schlesien ist dann allerseits von uns eingeschlos-

---

12. Österreich war mit Rußland durch den Petersburger Vertrag vom 2. Juni 1746 verbündet, dem England – allerdings mit Ausschluß der Geheimartikel – 1750 beigetreten war. Über Sachsens Anschluß dauerten die Verhandlungen noch an.
13. Den Vertrag von Aranjuez vom 14. Juni 1752.
14. Prinz Karl, der Bruder Kaiser Franz' I. und Schwager Maria Theresias.
15. Der Petersburger Vertrag von 1746 enthält keinerlei Abrede über die polnische Thronkandidatur des Lothringers. Erst 1748 tauchte dieser Vorschlag auf, den Rußland in Verbindung mit seinen nordischen Plänen dem Wiener Hofe machte. Die irrige Ansicht König Friedrichs gründet sich auf Berichte seines Gesandten in Dresden, von Maltzahn.

sen, und wir sind bei der ersten Gelegenheit stark genug,
es ihm wieder abzunehmen. Widersetzt sich der König von
Preußen unserem Vorhaben mit offener Gewalt, so fallen
Rußland, wir und alle unsere Verbündeten über ihn her.
Wir lassen alle in Italien stehenden Truppen gegen ihn
marschieren; selbst Sachsen ist gezwungen, gegen ihn zu
kämpfen, und es kommt entweder dahin, daß die Russen
ihm Ostpreußen oder daß wir ihm Schlesien wegnehmen.
In beiden Fällen können wir ihm den Frieden diktieren.«

Der König von *England* beobachtet Europa nur aus dem
Gesichtswinkel seines Kurfürstentums Hannover. Alles,
was für dieses Kurfürstentum vorteilhaft scheint, ist ihm
willkommen; alles, was ihm nachteilig scheint, bringt ihn
auf. Sein Preußenhaß stammt teils von alten Reibereien
zwischen dem Hannoverschen und Berliner Ministerium,
teils aus seinem Neid auf die wachsende Macht seines Nachbarn. Er unterstützt die Königin von Ungarn, damit sie
seine hannoverschen Interessen und seine Vergrößerungs-
absichten begünstigt und ihm u. a. dazu verhilft, das Bistum
Osnabrück in seinem Hause erblich zu machen,[16] vom Kaiser die Bestätigung für den Teil der Grafschaft Mansfeld
zu erhalten, den Sachsen ihm verpfändet hatte[17] usw. Aber
dieser Haß und diese Gereiztheit zwischen beiden Häusern
werden mit dem Tode des jetzigen Königs verschwinden.
Sein Enkel[18] ist in England erzogen und aufgewachsen; er
wird daher nicht die gleiche Vorliebe für seine deutschen
Besitzungen haben wie König Georg und allem Anschein
nach den Ratschlägen der englischen Minister mehr folgen
als denen der hannoverschen.

Rußland darf nicht unter die Zahl unserer wirklichen Fein-

16. Nach den Bestimmungen des Westfälischen Friedens sollten ein
katholischer und ein evangelischer Bischof, letzterer stets aus dem
Hause Braunschweig-Lüneburg, dauernd miteinander abwechseln.
17. Als Sicherheit für eine hannoversche Anleihe (1750).
18. Auf Georg II. (1683–1760) folgte, da sein Sohn, Prinz Friedrich
Ludwig von Wales, bereits 1751 starb, sein Enkel Georg III. (geb.
1738).

de gerechnet werden. Zwischen ihm und Preußen gibt es keine Streitfragen. Nur der Zufall macht es zu unseren Feinde. Ein von England und Österreich bestochener Minister hat mit großer Mühe einen scheinbaren Vorwand für die Entzweiung unserer beiden Höfe gefunden.[19] Mit dem Sturze dieses Ministers müssen die Dinge wieder in ihre natürliche Lage zurückkehren. Die Politik Rußlands geht dahin, sich das entscheidende Übergewicht in Polen zu wahren, mit Österreich in freundlichen Beziehungen zu stehen, um sich mit dessen Hilfe gegen einen unverhofften Angriff der Türken zu sichern, und soviel Einfluß wie möglich in den nordischen Staaten zu behalten.

Zu diesen drei Großmächten kommt _Sachsen._ Wie ein Schiff ohne Kompaß läßt es sich von Wind und Wogen treiben. Ein bestochener Minister[20] veranlaßt seinen Herrscher, den Petersburger Vertrag zu unterzeichnen[21], wodurch dieser sein Haus vom polnischen Throne ausschließt[22]. Durch seine Verschwendung und die Steuern, die er dem Volke aufbürdet, richtet dieser Minister den Staat zugrunde und statt eine vorsichtige Haltung einzunehmen, wie sie der Lage Sachsens zwischen Hammer und Amboß entspräche, verstrickt dieser tolle Minister seinen Herrn gegen den Vorteil seines Hauses in ein Bündnis, das die königliche Familie allen Wechselfällen des Krieges aussetzt, ohne ihm Aussicht auf Teilnahme am Gewinn zu bieten.

Die *Holländer* sind zu urteilslos, um zu wissen, wen sie lieben und hassen sollen. Die Regierung ist schwach und ohne Kredit. Sie müßte daher Frieden halten, um sich zu befestigen und ihre Schulden abzutragen. Da sie aber alles zur Unzeit tut, ist vorauszusehen, daß sie auch in Zukunft so

19. Der Großkanzler Bestushew hatte 1750 eine Etikettenfrage zum Vorwand genommen, um den russischen Vertreter, Groß, aus Berlin abzuberufen und damit den diplomatischen Verkehr abzubrechen.
20. Graf Brühl.
21. Die Verhandlungen waren vielmehr noch in der Schwebe.
22. Infolge der Thronkandidatur Karls von Lothringen (vgl. S. 57).

handeln wird. Sie haßt Frankreich, das sie beschützen könnte, und läßt sich ganz von England leiten, das den Handel des armen Freistaates zugrunde richtet. Man hat den braven Staatslenkern weisgemacht, Ostfriesland würde im Besitz Preußens[23] ihren Handel vernichten, Frankreich und Preußen im Bunde könnten sie in der Front und im Rücken angreifen und den Staat umstürzen. Mißtrauisch, unschlüssig, eifersüchtig und jedenfalls schwach und ohne Geld schwankt Holland hin und her und wird doch stets sich England anschließen, sobald dies es ernstlich will.

Mehr oder minder laufen die Interessen aller dieser Mächte den unseren entgegen. Die Königin von Ungarn, an Klugheit und Geschicklichkeit allen überlegen, benutzt die Leidenschaften der anderen zur Förderung der eigenen Pläne. Sie verbirgt ihren Ehrgeiz, sogar ihren Haß, und will nur bei guter Gelegenheit die Maske lüften. Der König von England, mehr Hannoveraner als Engländer, folgt seinen Leidenschaften; er will sein Kurfürstentum durch Finanzpraktiken im Stil des alten Bernstorff vergrößern;[24] aber er rechnet weder so gut noch so weitblickend wie die Königin von Ungarn. Die russische Zarin[25] wird von ihrem Minister geleitet, kann ihn aber absetzen, wenn ihr jemand die Augen im rechten Augenblicke öffnet. Sachsen benimmt sich, wie gesagt, so, als ob es von seinen grausamsten Feinden regiert würde, und die holländische Regierung ist nur ein Gemisch von Torheit und Schwäche.

23. Auf Grund der 1694 erteilten kaiserlichen Anwartschaft hatte König Friedrich 1744 Ostfriesland nach dem Aussterben des dortigen Fürstenhauses dem preußischen Staate einverleibt.
24. Wie in Kur-Sachsen (vgl. S. 59), hatte der Kurfürst von Hannover 1734 auch in Mecklenburg acht Ämter in seinen Pfandbesitz gebracht, unter dem Vorwand, damit die Kosten der Exekution von 1719 zu decken, durch die Hannover und Braunschweig-Wolfenbüttel namens des Reiches der Gewaltherrschaft Herzog Karl Leopolds von Mecklenburg-Schwerin ein Ende setzten. Für König Friedrich galt der frühere hannöversche Minister Freiherr Andreas Gottlieb von Bernstorff als Vorkämpfer jener Politik (vgl. Ges. Werke, Bd. 1, S. 135).
25. Zarin Elisabeth.

Prüfen wir nun die Lage und die Politik der mit Preußen
befreundeten Mächte.

Frankreich ist einer unserer mächtigsten Bundesgenossen.[26]
Der schwache König[27] bildet sich ein, selbst zu regieren,
während seine Minister sich in seine Macht teilen und ihm
nur einen leeren Namen lassen[28]. Eine Mätresse[29], die nur an
ihre Bereicherung denkt, Finanzbeamte, die die Truhen des
Königs plündern, viele Unordnung und Diebereien stürzen
den Staat in einen Abgrund von Schulden. Die Staatsgeschäfte werden oberflächlich behandelt; das Vergnügen ist
der Gott des Landes. Bald schlagen die Minister einen hoch-
fahrenden Ton an, bald machen die mißlichen Finanzen sie
mit einem Schlage kleinlaut. Infolge der französischen Lebhaftigkeit handeln sie nur sprunghaft. Wollen sie etwas,
so wünschen sie es eifrig, kühlen sich aber ebenso rasch ab,
und mit der Leichtfertigkeit, vor der sich auch die besten
Köpfe des Landes nur schwer hüten, verfallen sie oft auf
den entgegengesetzten Plan.

Trotz aller dieser Mißstände ist Frankreich der mächtigste
Staat Europas. Seine politischen Ziele werden noch lange
die gleichen bleiben. Sein dauerndes Interesse besteht darin,
das Haus Österreich zu erniedrigen, die Ansprüche der deutschen Reichsfürsten zu unterstützen, den englischen Handel
zu schmälern, Spanien sowohl in seinen Handelsinteressen
wie in seiner Hauspolitik in Italien beizustehen[30], um es
möglichst fest an sich zu ketten. Schließlich muß Frankreich
auch eine starke Partei im Norden besitzen, um die Finger
in allen europäischen Geschäften zu haben. Seine Erobe-
rungspläne gehen bis zum Rhein, der einst die Grenze Gal-
liens bildete. Mischt sich Frankreich in einen Krieg am Rhein
oder in Flandern, so geschieht es aus Eigennutz und in der

26. Seit dem Vertrage von Breslau vom 5. Juni 1741.
27. Ludwig XV.
28. Vgl. S. 52.
29. Die Marquise von Pompadour.
30. Das Königreich Neapel und das Herzogtum Parma bildeten spanische Sekundogenituren.

Absicht, Eroberungen zu machen. Mischt es sich in Schweden
oder Polen ein, so geschieht es nur ostentativ. Man kann
sicher sein, daß es keinen Augenblick zaudert, seine Verbündeten seinem eigenen Vorteil zu opfern, sobald sich die
geringste Möglichkeit dazu bietet. Bei Verträgen ist es französischer Grundsatz, die ganze Last des Krieges auf die
Verbündeten abzuwälzen und selbst die Hände frei zu behalten, um nach Gutdünken handeln zu können. Frankreich
sieht es gern, wenn seine Verbündeten die größte Last übernehmen, während ihm selbst nur eine leichte Bürde zu tragen
bleibt. Darum heißt es, bei allen Verhandlungen mit dieser
Macht auf der Hut zu sein, sonst zieht man den kürzeren.
Schweden verfolgt keine andere Politik, als sich Rußland
gegenüber in seinem jetzigen Besitzstand zu erhalten. Sein
Haß gegen die Moskowiter treibt es zur Rache für seinen
letzten unglücklichen und entehrenden Krieg[31]; aber gleichzeitig hält seine Schwäche es davon zurück. Schweden fällt
als Verbündeter nur zur Last;[32] es kann genötigt sein, um
Hilfe zu bitten, vermag aber selbst keine Hilfe zu leisten.
Die schwedische Nation ist ebenso arm wie eitel und durch
innere Parteiungen zerrissen, die die Regierung vollends
schwächen und um jedes Ansehen bringen.
Dänemark hat seinen Ehrgeiz wie jeder. Es legt den Haupt-
wert auf seine Flotte, die im guten Zustand ist, läßt aber
das Landheer verfallen. Seine Politik dreht sich um die Erwerbung Holsteins.[33] Von diesem Gesichtspunkt aus sind
alle seine Schritte zu erklären. Es scheint seinem Vorteil

31. Der Krieg von 1741 bis 1743 endete für Schweden mit dem Verlust
von halb Finnland.
32. Der König hatte 1747 ein Defensivbündnis auf zehn Jahre mit
Schweden geschlossen.
33. Es handelt sich um die Wiedervereinigung der Herzogtümer Schles-
wig und Holstein in dänischer Hand durch Verständigung mit dem
Hause Holstein-Gottorp, dessen ältere Linie 1762 mit Herzog Peter in
Rußland, dessen jüngere Linie 1751 mit Herzog Adolf Friedrich in
Schweden auf den Thron gelangte. Die Einigung mit der jüngeren Linie
erfolgte 1749 und 1750, mit der älteren dagegen erst provisorisch 1767
und endgültig 1773.

gemäß, daß Schweden schwach bleibt; deshalb liegt ihm an der Erhaltung der jetzigen Regierungsform.[34] Vielleicht hat Dänemark auch ein Auge auf Hamburg geworfen. Sollte dies der Fall sein, so scheint die Sache aber noch nicht spruchreif. Im ganzen ist Dänemark eine Macht, die sich mehr zur Selbstverteidigung als zum Angriff auf seine Nachbarn eignet; denn seine Einkünfte reichen zur Verteidigung aus, nicht aber zum Kriegführen in anderen Ländern.

Die Republik *Polen* hat noch die alte Feudalverfassung, die alle anderen europäischen Staaten abgeschafft haben. Ihre Nachbarn haben ein Interesse daran, diese republikanische Monarchie in ihrem Schwächezustand zu erhalten, und unterstützen darum die Freiheit und Unabhängigkeit der Großen gegen den Ehrgeiz ihrer Könige. Die Republik, deren Ruhe nur zu Zeiten der Königswahl gestört wird, ist im Inneren in zwei mächtige Parteien gespalten[35], darum niemandem gefährlich, und ihre Nachbarn sind fast vor allen ihren Anschlägen geschützt; denn es ist nichts leichter, als ihre Reichstage zu sprengen.

Das *Deutsche Reich* ist uneiniger denn je. Der Kaiser genießt nur ein sehr beschränktes Ansehen, das er je nach der Lage geltend machen kann. Alle geistlichen Reichsfürsten sind dem Haus Österreich ergeben, dem sie ihre Wahl danken. Die weltlichen Fürsten sind geteilt und stehen entweder auf seiten Österreichs oder Frankreichs, je nach ihrem Vorteil. Zur Schande meiner Nation muß ich gestehen, daß das öffentliche Wohl nie so sehr wie heute dem persönlichen Interesse geopfert wird. Der König von England kommt mit einem Sack Guineen übers Meer, und die mächtigsten Reichsfürsten lassen sich mit bescheidenen Summen bestechen.[36] Sie sind Kaufleute geworden; sie verschachern das

34. Die Macht der schwedischen Krone war beschränkt; erst durch den Staatsstreich König Gustavs III. (1772) wurde die Vorherrschaft der Stände beseitigt.
35. Die dem Hofe ergebene Partei der Czartoryski und die der Potocki.
36. Zur Unterstützung der Wahl Erzherzog Josephs zum Römischen König (vgl. dafür S. 91 f.).

Blut ihrer Untertanen; sie verkaufen ihre Stimmen im Für-
stenrat und im Kurfürstenrat. Ich glaube, sie würden ihre
eigene Person verhandeln, wenn sich jemand fände, der sie
bezahlen wollte. Folgende Reichsfürsten sind gegenwärtig
mit Österreich verbündet: die Kurfürsten von Hannover,
Sachsen, Bayern, Mainz, Trier und die geistlichen Fürsten. Mit
Frankreich verbündet sind und auf Preußens Seite stehen:
die Kurfürsten von der Pfalz und von Köln, die Herzoge von Württemberg und Braunschweig und die brandenburgischen Markgrafen von Ansbach und Bayreuth. Zu
denen, die öffentlich ausgeboten, aber noch nicht verkauft
sind, gehören Hessen und der Herzog von Gotha. Sachsen
folgt blindlings den Weisungen Rußlands, und die Zarin
zwingt es zum Eintritt in das Bündnis mit dem Wiener
Hofe.[37] Diese Unterwürfigkeit Sachsens ist eine Folge des
Vertrages mit Rußland, den es bei der Krönung Augusts III.
schloß. Da dieser König seine Krone der Zarin verdankte,
mußte er sich verpflichten, ohne ihre Zustimmung keinerlei Verpflichtungen einzugehen.[38]
Preußen hat nie Subsidien von irgend jemand angenommen. Friedrich I. ist der einzige, der sich so weit herab-
würdigte.[39] Laßt Euch gesagt sein, daß jede Macht, die im
Solde einer anderen steht, sich die Hände bindet und nur
eine Nebenrolle spielt. Sie befindet sich stets in Abhängigkeit von der zahlenden Macht und muß sich alles gefallen
lassen, was der übermächtige Verbündete verlangt.
Folgende Mächte gehen uns weniger an wie die genannten.
Wenn *Spanien* seinen wahren Interessen folgt, muß es un-
zertrennlich von Frankreich bleiben, sowohl um seinen Han-

37. Gemeint ist der von Rußland geforderte Beitritt Sachsens zum Petersburger Vertrage (vgl. S. 57).
38. Ein Irrtum des Königs; denn weder das Bündnis, das August III.
mit der Zarin Anna Iwanowna am 10. Juli 1733 schloß, noch der War-
schauer Vertrag vom 19. August 1733 mit Rußland und Österreich
über seine Erhebung auf den polnischen Thron enthalten diese an-
gebliche Verpflichtung.
39. Vgl. S. 51.

del gegen England zu behaupten, wie um sich in Italien gegen das Haus Österreich zu halten. Es kann diesem System für eine Weile untreu werden, muß aber immer wieder darauf zurückkommen.

Von *Portugal* sage ich nichts. Der König ist der reichste Privatmann Europas, ein gekrönter Edelmann.

Der König von *Sardinien* ist ein Krebs, der die Lombardei benagt. Um König der Lombardei zu werden, wird er bald die Partei Frankreichs, bald die Partei Österreichs ergreifen, vorausgesetzt, daß er dabei etwas gewinnt.[40]

Der *Papst* ist ein altes Götzenbild, das in seinem Winkel verstaubt ist. Heute ist er nur noch der erste Beichtvater der Könige; sein Bannstrahl ist erloschen. Seine Politik ist bekannt: statt Völker in den Bann zu tun und Herrscher zu entthronen, wie einst, ist er sehr zufrieden, wenn ihn niemand absetzt und er ruhig seine Messe in St. Peter lesen kann.

Der *Sultan*[41] ist weder ein Soliman noch ein Mohammed II.[42], sondern ein Schwächling, der im Serail unter Weibern aufwuchs. So ohnmächtig die Türkei ist, so kann sie unter einem anderen Sultan doch ein anderes Ansehen bekommen. Was jedoch ihrem Aufstieg sehr im Wege steht, ist die tiefe Unkenntnis des Divans über die europäischen Zustände und die veraltete Fechtweise der Truppen, von der die Vesire nicht abzubringen sind. Die Bürgerkriege in Persien, die dieses schöne Reich zerrüttet haben, erlauben den Türken, ihre Kräfte je nach ihrem Gutdünken gegen Rußland oder Österreich zu benutzen.

Nachdem ich Euch Rechenschaft über die Interessen aller europäischen Herrscher abgelegt habe, ist es recht und billig, daß ich Euch auch unsere Interessen auseinandersetze.

Preußen: Man muß das christliche Europa als eine Republik

---

40. Vgl. Ges. Werke, Bd. 2, S. 40 f. und 52.
41. Mahmud I.
42. Mohammed II. hatte 1453 Konstantinopel erobert.

von Herrschern auffassen, die in zwei mächtige Parteien
zerfällt. Seit fünfzig Jahren haben Frankreich und England
die Initiative ergriffen. Bei dem Gegensatz ihrer Interessen
und ihrem alten Haß vertragen sich diese beiden Monarchien nur, wenn ihre Länder menschenarm geworden und
alles Geld in ihren Truhen vertan ist. Mag Rußland mit
Schweden oder Polen Krieg führen, das Haus Österreich
die Freiheit der Reichsstände bedrohen, in Parma oder in
Schlesien einfallen – sofort ergreifen die beiden Vormächte
Partei, und durch die Menge ihrer beiderseitigen Verbündeten entsteht ein Gleichgewicht der Mächte, das zur Gleich-
heit der Kräfte zwischen Angreifer und Angegriffenen
führt. Bricht ein kriegerischer Fürst den Frieden zu einer
Zeit, wo Frankreich und England sich darüber einig sind,
den Krieg vermeiden, so ist anzunehmen, daß sie den
Kriegführenden ihre Vermittlung anbieten und aufzwingen
werden. Einmal bestehend, verhindert dies politische System in Europa große Eroberungen und schlägt die Kriege
mit Unfruchtbarkeit, wenn sie nicht mit überlegener Macht
und unausgesetztem Glück geführt werden.
Bei der heutigen Lage der Dinge, das werdet Ihr einsehen,
kann es Preußen nie an Bundesgenossen fehlen. Um die
rechte Wahl zu treffen, muß man sich von jedem persönlichen Haß sowie von jedem günstigen und ungünstigen
Vorurteil freimachen. Das Staatsinteresse ist der einzige
Leitstern im Rat der Fürsten. Zumal seit der Erwerbung
Schlesiens verlangt unser gegenwärtiges Interesse, daß wir
im Bunde mit Frankreich und ebenso mit allen Feinden des
Hauses Österreich bleiben. Schlesien und Lothringen sind
zwei Schwestern, von denen die ältere Preußen, die jüngere
Frankreich geheiratet hat.[43] Dieser Bund zwingt sie zur glei-
chen Politik. Preußen darf nicht ruhig zusehen, daß Frank-

43. Im Frieden von Wien (1738) hatte Stanislaus Leszczynski als Entschädigung für Polen die Herzogtümer Lothringen und Bar erhalten,
die nach seinem Tode an Frankreich fallen sollten. Im Mai 1770 bot
König Friedrich Elsaß-Lothringen dem Wiener Hofe an.

reich Elsaß oder Lothringen verliert, und die Diversionen, die Preußen zugunsten Frankreichs unternehmen kann, sind wirksam; denn sie tragen den Krieg sofort ins Herz der österreichischen Erblande. Aus dem gleichen Grunde kann Frankreich nicht dulden, daß Österreich Schlesien zurückgewinnt; denn das wäre eine zu große Schwächung für einen Bundesgenossen Frankreichs, der ihm für die Verhältnisse im Norden und im Reich nützlich ist, und dessen Diversionen, wie gesagt, Elsaß oder Lothringen im Fall einer großen, unvermuteten Gefahr sicher retten. Die Politik des Versailler Hofes bestand stets darin, sich der Vergrößerung und dem Despotismus der Kaiser zu widersetzen. Preußen hat die gleichen Interessen. Die Franzosen stehen stets auf gespanntem Fuße mit den Engländern, wir desgleichen mit Hannover. Es handelt sich also um dasselbe, und die Interessen beider Kronen befinden sich in Übereinstimmung. Frankreich seinerseits kann Preußen unterstützen, indem es Diversionen in Flandern oder am Rhein ausführt, im Lauf eines Krieges die Pforte gegen Rußland oder Österreich aufwiegelt und Truppen deutscher Fürsten in Sold nimmt, um sie Preußen zur Verfügung zu stellen. Aus allem Gesagten geht hervor, daß dies Bündnis natürlich ist, daß alle Interessen beider Höfe übereinstimmen, und daß es seine Entstehung somit mehr der europäischen Konjunktur als dem Geschick der Unterhändler verdankt.

Wie ansehnlich diese Allianz, selbst Schweden und viele deutsche Fürsten inbegriffen, aber auch ist, so baue ich doch durchaus nicht auf die Hilfe dieser Bundesgenossen, sondern rechne nur mit meinen eigenen Kräften.

Noch eins möchte ich diesen Betrachtungen hinzufügen. Wären wir mit England und dem Hause Österreich verbündet (abgesehen davon, daß dies gegen unsere Interessen liefe), so könnten wir uns bei dieser Mächtegruppierung keinerlei Gebietszuwachs versprechen. Dagegen können wir im Bündnis mit Frankreich im Kriegsfall auf Eroberungen hoffen, wofern uns das Waffenglück nur ein wenig lächelt.

Welchen Gewinn wir uns aber auch von einem Kriege versprechen mögen, mein jetziges System beruht auf der Erhaltung des Friedens, solange es möglich ist, ohne die Majestät des Staates zu verletzen; denn Frankreich befindet sich
in völliger Erschlaffung. Seine schlechte Finanzwirtschaft
macht es ihm fast unmöglich, auf dem Kriegsschauplatz mit
der ihm gebührenden Kraft und Würde aufzutreten. Ferner ist Schweden nur ein leerer Name, aber keine Macht.
Endlich hat sich Frankreich aus Nachlässigkeit Spanien ab-
spenstig machen lassen,[44] und das bringt uns um den Vorteil
einer Diversion in Italien. Noch andere Gründe kommen
hinzu. Es frommt uns nicht, noch einmal den Krieg anzufangen. Eine glänzende Tat wie die Eroberung Schlesiens
gleicht den Büchern, deren Originale einschlagen, aber deren Nachahmungen abfallen. Durch die Eroberung dieses
schönen Herzogtums haben wir den Neid ganz Europas
erregt und alle unsere Nachbarn aufgeschreckt. Mein Leben
ist zu kurz, um sie uns gegenüber wieder in Sicherheit ein-
zuwiegen.
Wäre ferner ein Krieg für uns ratsam, solange Rußland
stark gerüstet an unseren Grenzen steht, nur des Augen-
blicks gewärtig, um loszuschlagen (was es freilich nur mit
Hilfe englischer Subsidien vermag), ja wo eine Diversion
dieser Macht alle unsere Pläne vom ersten Kriegstage ab
über den Haufen würfe? Unter solchen Verhältnissen ist es
am sichersten, den Frieden zu wahren und in aufrechter
Haltung neue Ereignisse abzuwarten. Sollen diese unseren
Unternehmungen förderlich sein, so müßte Bestushew, der
Zar-Minister Rußlands, der im Solde des Wiener Hofes
steht, in Ungnade fallen, und man müßte seinen Nachfolger
durch starke Summen gewinnen. Ferner müßte England
durch den Tod seines Königs in die Wirren einer vormund-
schaftlichen Regierung geraten.[45] Ein Soliman müßte auf
dem türkischen Thron sitzen, und ein ehrgeiziger und all-

44. Durch den Vertrag von Aranjuez (vgl. S. 57).
45. Vgl. S. 58, Anm. 18.

mächtiger Premierminister in Frankreich herrschen. Alsdann, bei dieser oder ähnlicher Gestaltung der Lage, ist es Zeit zu handeln, aber auch dann ist es nicht nötig, als erster auf dem Plan zu erscheinen. Nach meiner Ansicht müßte man das erste Kriegsfeuer verrauchen lassen und erst zu den Waffen greifen, wenn die anderen vom Kampfe erschöpft sind. Solch vorsichtiges Verhalten würde uns um so größeren Vorteil bringen, als wir finanziell außerstande sind, einen langen Krieg zu führen. Aber wir könnten allemal die drei bis vier letzten Feldzüge aushalten, nach dem Grundsatz des Kardinals Fleury: Sieger bleibt, wer den letzten Taler in der Tasche hat.

Es gibt zwei Arten von Kriegen, solche aus Eitelkeit und zum eigenen Vorteil. Die erste Art wird nur von Narren unternommen. Wer sich auf die zweite einläßt, muß gut vorbereitet sein und sein Geheimnis, das Ziel, das er verfolgt, erst offenbaren, wenn es unbedingt zum Frieden kommen muß. Wer seine Absichten zu früh enthüllt, bringt sie zum Scheitern; denn er gibt seinen Feinden und Neidern zu Gegenmaßnahmen Zeit. Wer schweigen kann, der kann zu schönen Eroberungen gelangen. Schlimmstenfalls bedeckt er sich nicht mit Schande, wenn er einen schlechteren Frieden schließen muß, als er gehofft hatte.

Wir müssen die Russen und Österreicher stets im Auge behalten, die Russen wegen der Verhältnisse in Polen und Schweden und der von ihnen zwischen Polen und dem Wiener Hofe etwa geplanten Bündnisse. Ebenso erfordert Österreich große Wachsamkeit. Es ist unser Hauptfeind. Es möchte den Prinzen von Lothringen auf den polnischen Thron setzen[46] und despotisch im Reiche schalten, lauter Dinge, die wir nicht dulden können. Hier entsteht die Frage, wie das zu verhindern ist. Folgende Mittel gibt uns der gesunde Menschenverstand an. Wir müssen uns mit den Feinden unserer Feinde verbünden, nämlich mit Frankreich,

---

46. Vgl. S. 57.

Schweden, einigen Reichsfürsten, wenn möglich mit dem
König von Sardinien, ja mit den Türken. Wir müssen auf
die Sprengung der polnischen Reichstage hinwirken und zu
dem Zweck etwas Geld springen lassen, wie wir es schon
getan haben. Wir müssen den Polen einreden, die Königin
von Ungarn und die russische Zarin seien gefährliche Nach-
barinnen; sie wollten in ihrem Ehrgeiz über den polnischen
Thron verfügen, ohne die Zustimmung der Republik einzuholen, wollten den Prinzen von Lothringen daraufsetzen
und ihn dann zum unumschränkten Herrscher machen. Vor
allem aber müssen wir den Türken beibringen, daß es gegen
ihre Politik verstößt, wenn sie es dulden, daß Ungarn und
Polen unter demselben Herrscherhause vereinigt werden.

Verhalten gegenüber den Mächten Europas

Ein erfahrener Staatsmann muß sich stets verschieden benehmen und sein Verhalten stets den Umständen anpassen,
in denen er sich befindet, und den Menschen, mit denen er
zu tun hat. In der Politik ist es ein großer Fehler, stets
hochmütig aufzutreten und alles mit Gewalt durchsetzen
zu wollen, aber auch stets sich sanftmütig und nachgiebig
zu zeigen. Ein Mensch, dessen Benehmen immer das gleiche
ist, wird bald durchschaut, und man darf sich nicht durchschauen lassen. Bleibt unser Charakter kein Geheimnis mehr,
so sagen unsere Feinde: »Wir werden dies und jenes tun,
dann wird er so und so handeln.« Und dabei täuschen sie
sich nicht. Wer dagegen in seinem Benehmen wechselt, führt
sie irre, und sie täuschen sich in ihren Annahmen. Ein so
kluges Benehmen erfordert aber stete Selbstbeobachtung.
Weit entfernt, seinen Leidenschaften nachzugeben, muß
man unbedingt den Entschluß fassen, den das eigene Interesse vorschreibt. Die große Kunst besteht darin, seine Absichten zu verbergen. Zu dem Zweck muß man seinen Charakter
verschleiern und nur maßvolle, durch Rechtsgefühl gedämpf-
te Festigkeit durchblicken lassen.

Ich habe versucht, mich meinen Feinden gegenüber so zu benehmen. Im Verkehr, den ich mit dem Wiener Hofe seit dem letzten Frieden pflog, habe ich alle Höflichkeit und allen Anstand beobachtet. Auch die Sachsen sind mit größter Milde behandelt worden; nur bei den im Dresdener Frieden geregelten Schulden der sächsischen Steuerbehörde wurde eine Ausnahme gemacht;[47] aber davon konnte ich nichts ablassen, ohne vielen braven Bürgern erheblichen Schaden zu tun. Rußland gegenüber habe ich ein Auge zugedrückt, sowohl in der Sache des Kapitäns Stackelberg[48] wie bei der Abberufung des Gesandten Groß[49] und bei zahllosen kleinen Kränkungen, die man mir antun wollte. Ich habe über das alles hinweggesehen, weil der Wiener Hof mit Hilfe des Kanzlers Bestushew mich mit Rußland zu entzweien suchte und diese Vorwände in der Tat nichtig waren; denn man muß sich wohl hüten, das zu tun, wozu unsere Feinde uns gern veranlassen möchten. Dazu kommt, daß Rußlands böser Wille ja nur von der Bestechlichkeit eines Ministers herrührt, der, heute noch allmächtig, morgen nach Sibirien geschickt werden kann. Daher ist es auch verkehrt, die Dinge zur Unzeit auf die Spitze zu treiben und sich Rußland zum unversöhnlichen Feinde zu machen, wo man hoffen darf, daß nach Eintritt eines einzigen bestimmten Ereignisses sich die beiderseitigen Interessen wieder nähern. Karl XII. von Schweden beging den großen Fehler, seine Feinde zu wechseln und stets mit Erbitterung auf die letzten loszuschlagen. Vor dem Haß der Österreicher müssen wir uns hüten und ihnen Widerstand leisten. Der Haß aller übrigen Mächte ist nur Zugabe und bleibt am besten unbeachtet.

47. Nach Artikel XI des Friedensvertrages mußten alle Schuldforderungen preußischer Untertanen an die sächsische Ober-Steuer-Einnahme, sobald sie fällig waren, »ohnfehlbar« befriedigt werden. Vgl. S. 21 f.
48. Stackelberg war 1746 während einer Urlaubsreise nach seiner Heimat Livland verhaftet worden, da er angeblich russische Untertanen für den preußischen Heeresdienst angeworben hatte.
49. Vgl. S. 59.

Da sich König Georg stets zynisch und hart gegen mich
benommen hat, war es mir nicht möglich, den Verkehr mit
England stets so freundlich zu gestalten, wie ich gewollt
hätte. Das englische Ministerium hat es in grober Form
abgelehnt, die preußischen Kaufleute zu entschädigen,
denen englische Freibeuter ihre Schiffe fortgenommen hatten.[50] Das hannoversche Ministerium hat es sich in den Kopf
gesetzt, mich in lächerlicher Weise wegen der Besitzergreifung Ostfrieslands anzugreifen.[51] Es hat Streitschriften gegen mich drucken lassen, ja sogar den mit ihm verbündeten
Höfen weismachen wollen, ich hätte den Fürsten von Ostfriesland[52] vergiftet. Dergleichen Schändlichkeiten kann
man sich kaum bieten lassen, aber niemand hat solchen ab-
scheulichen Verleumdungen Glauben geschenkt. Unsere Interessen laufen den hannoverschen zu sehr entgegen, als
daß wir Freunde sein könnten, solange die hannoverschen
Interessen für die englische Politik den Ausschlag geben.
Und das flegelhafte Benehmen der Minister des Königs
Georg hat mir nicht erlaubt, unseren Verkehr mit England
freundschaftlich zu gestalten.

Frankreich erfordert im diplomatischen Verkehr große
Rücksicht. Will man das französische Ministerium nach seinem Willen lenken, so muß man ihm einreden, man ließe
sich von ihm leiten; dann kommt man leicht zum Ziel. Das
liegt an der Eigenliebe dieses Volkes und an der überlegenen
politischen Einsicht, die es sich dem übrigen Europa gegenüber zuschreibt. Voller Rücksicht habe ich Puyzieulx und
Saint-Contest in Kleinigkeiten nachgegeben und ihnen die
Ehre aller meiner Entwürfe gegönnt, als ob es ihre eigenen
Ideen wären, die ich nur befolgte. Auf diese Weise kommt

50. Es handelt sich um die Entschädigung für die Fortnahme preußischer Handelsschiffe, die in den Jahren 1745 bis 1748 von englischen
Kapern unter dem Vorwande der Konterbande aufgebracht waren.
51. Auch Hannover erhob auf Grund einer Erbverbrüderung von 1691
Ansprüche auf Ostfriesland (vgl. S. 60).
52. Karl Edzard.

man mit diesen Leuten weit, und bei entscheidenden Fragen bringt man sie dahin, wohin man will.

Im Verkehr mit Schweden haben wir Beweise von Freundschaft gegeben und den Wunsch gezeigt, ihm dienlich zu sein.

Mit Dänemark hatten wir nur wegen der Gräfin Bentinck zu unterhandeln.[53] Wir haben dabei soviel Mäßigung bewiesen, daß wir die Hälfte unserer zu Beginn der Verhandlungen aufgestellten Forderungen fallenließen. Es empfahl sich, diese Macht zu schonen, um ihre Beziehungen zu Schweden zu verbessern und uns ein Bündnis mit ihnen offenzuhalten, falls Rußland daranging, das Gleichgewicht im Norden zu stören.

So muß je nach Lage, Zeit und Person unser Verhalten verschieden sein. Ist die Zeit reif zum offenen Bruch, so empfiehlt sich ein festes und stolzes Auftreten. Aber man soll das Gewitter nicht grollen lassen, ohne daß zugleich der Blitz einschlägt. Hat man viele Feinde, so muß man sie trennen, den unversöhnlichsten heraussuchen und sich auf ihn stürzen, mit den anderen aber verhandeln, sie einschläfern und selbst unter Verlusten Sonderfrieden mit ihnen schließen. Ist erst der Hauptfeind niedergeworfen, dann ist es Zeit, auf die anderen zurückzukommen und über sie herzufallen, unter dem Vorwand, daß sie ihren Verpflichtungen nicht nachgekommen seien.

Die Eigenschaften der Unterhändler

Es gibt eine Gattung von Menschen, die ehrbarer sind als gewöhnliche Spione, Leute, deren Beruf auf Erden herge-

---

53. Während des Streites, in dem die Gräfin Bentinck mit dem von ihr geschiedenen Gemahl über die Ausführung ihres Scheidungsvertrages lag, hatte der Reichshofrat über die ihr gehörige Herrschaft Knyphausen in Ostfriesland Sequester verhängt und den König von Dänemark (als Grafen von Oldenburg) mit dessen Ausführung betraut. Auf Bitte der Gräfin hatte ihr König Friedrich für diese Herrschaft eine Schutzwache bewilligt und war darüber in langwierige Auseinandersetzungen mit dem dänischen Hofe geraten.

bracht und von den Herrschern anerkannt ist. Diese schicken
sie sich gegenseitig als Botschafter, Bevollmächtigte, Gesandte oder auch unter weniger stattlichen Ehrentiteln zu.
Man benutzt sie, um Neider einzuschläfern, Feinde zu bestechen, die Absichten der Nachbarn zu ergründen, Verhandlungen zu führen, Verträge und Bündnisse abzuschließen usw. Zu diesem Amt wählt man Männer mit geschmei-
digem und regem Geist, die verschwiegen, unbestechlich
und der größten Verstellung fähig sind. Sie müssen Menschenkenntnis besitzen, Gebärden und Mienenspiel der verschiedenen Leidenschaften durchschauen und daraus die geheimen Gedanken derer ablesen, mit denen sie zu tun haben.
Diese lange Gewöhnung muß sie die Kunst gelehrt haben,
die Geheimnisse zu erraten, die man ihnen am sorgfältigsten
verbirgt. Wir haben eine Pflanzschule für Gesandte: zwölf
junge Leute von Stand mit dem Titel Legationssekretär
machen in Berlin ihre Lehrzeit unter den Augen der Kabinettsminister durch.[54]
Sollen die Gesandten dem Staat erhebliche Dienste leisten,
so empfiehlt es sich, sie je nach ihrer Veranlagung auf die
Höfe zu verteilen.
Die Unterhandlungen, die wir gegenwärtig in Wien zu führen haben, bestehen in lauter Schikanen. Somit muß man
dorthin einen Gesandten schicken, der in solchen Händeln
erfahren ist und die Argumente der Österreicher bündig
widerlegt, ohne sich auf leere Wortgefechte einzulassen. Der
preußische Gesandte in Wien muß bei den geringsten Kleinigkeiten Rückgrat zeigen. Ist es bisweilen gut, seinen Nachbarn gefällig zu sein, so gilt das doch nie für den Wiener
Hof, der Gefälligkeiten für Pflichten nimmt und aus den
Rücksichten, die man ihm erweist, phantastische Rechte ab-
leitet. Der preußische Gesandte in Wien ist recht eigentlich
ein politischer Vorposten, der alles zu beobachten hat, was
dort gegen uns gesponnen wird. Er hat verschiedene Mög-

---

54. Diese 1747 geschaffene Anstalt ging während des Siebenjährigen
Krieges ein und wurde erst 1775 neu begründet.

lichkeiten, um in diese Mysterien der Niedertracht einzu-
dringen. Die Gesandten der verbündeten Höfe machen sich
vereint an ihre Erforschung. Was der eine erfährt, teilt er
dem anderen mit. Durch Zusammenstellung dieser Nachrichten können sie dann mutmaßen oder gar erraten, um
was es sich handelt. Der Gesandte benutzt ferner seinen
Sekretär, der in ganz anderen Kreisen verkehrt als er selbst
und durch seine Beobachtungen die Verdachtgründe, die
man für die österreichischen Ränke hat, verstärken oder
abschwächen kann.

Der Gesandte am französischen Hofe muß klug und vorsichtig sein, um sich von den plötzlichen Einfällen, zu denen
die französischen Minister neigen, nicht mitreißen zu lassen,
sondern er muß kaltblütig bleiben, während jene ihr Feuer
verpuffen. Hat er sie dann ausreden lassen, so bringt er sie
durch ruhige Überlegung wieder auf den rechten Weg. Infolge der engen Beziehungen zwischen beiden Höfen haben
wir unsererseits mit Frankreich stets ziemlich offen ver-
handelt. Das ist ein guter Grundsatz: zuviel Winkelzüge
bei den Verhandlungen stören die Geschäfte und verderben
sie sogar. Aus diesem Grunde bin ich gut dabei gefahren,
daß ich meine Verbündeten nicht habe übers Ohr hauen
wollen. Trotzdem muß man bei den Franzosen auf seiner
Hut sein; denn es ist in ihrer Politik Brauch, ihre Verbündeten möglichst vorzuschieben und selbst hinter dem Vorhang
zu spielen. Diese Rolle ist gar nichts für uns; sie belüde uns
nur mit dem Haß der anderen Mächte, setzte uns zu sehr
aus und legte damit die Entscheidung über unser Schicksal
in die Hände Frankreichs.

Das Verhalten, das man gegen seine Feinde zu beobachten
hat, ist anderer Art. Ihnen muß man seine Absichten ver-
heimlichen und seinen Groll verbergen. Stehen wir uns mit
dem Londoner Hof schlecht, so genügt ein Spion; stehen wir
uns gut, so müssen wir einen liebenswürdigen Genußmen-
schen hinschicken, der den Wein besser verträgt als die Engländer und, wenn er gezecht hat, nicht ausschwatzt, was

er verschweigen soll. Er muß außerdem leutselig sein und
ein offenes Wesen zur Schau tragen.

In Holland ist ein Mann am Platze, der ein einfaches Benehmen und gesunden Verstand hat. In diesem Freistaat
wissen zuviel Leute um die Staatsgeheimnisse, als daß sie
lange verschwiegen blieben. Ein leidlich geschickter Unterhändler, der sich nur etwas Mühe gibt, kommt also stets
dahinter. Nach Schweden schickt man am besten einen verständigen Mann, der sich nicht in die inneren Parteikämpfe
hineinziehen läßt, sich auch nicht an den Ränken einzelner
Personen beteiligt, sondern vielmehr zur Versöhnung der
Geister beiträgt. Für Dänemark bedarf es eines energischen,
verschlagenen und besonnenen Mannes. Der Petersburger
Hof verlangt einen Ränkeschmied, der Scharfblick genug
besitzt, um sich von der russischen Großtuerei nicht ein-
schüchtern zu lassen. Außerdem muß er die Bestechungs-
kunst so vorsichtig zu üben verstehen, daß die, deren
Freundschaft er erkauft, nicht öffentlich zu erröten brauchen. Der polnische oder sächsische Hof (heute ein Wechsel-
begriff) erheischt einen Mann, der in Worten maßvoll, in
Ränken erfahren und energisch ist, damit er den Sachsen
heimleuchten kann, wenn sie unter leeren Vorwänden den
Sinn des Dresdener Friedens zu verdrehen suchen.[55] Er muß
ferner Geschick genug besitzen, um die polnischen Reichstage zu sprengen, wenn dies im Interesse Preußens liegt.

Diese Gesandten, die in der eben bezeichneten Art nach
ihren verschiedenen Eigenschaften ausgewählt und auf die
fremden Höfe verteilt werden, erhalten ihre Weisungen
unmittelbar von mir. Meldet der Gesandte aus Wien einen
neuen Anschlag, der im Entstehen ist, so erhalten die anderen Gesandten sofort den Auftrag zu versuchen, ob sie hinter die Sache kommen können. So geschieht es, daß eine in
Petersburg eingefädelte Intrige im Haag entdeckt wird,
daß man in Dänemark erfährt, was in Polen sich anspinnt,

55. Vgl. S. 71.

daß der Gesandte in England uns über die Umtriebe des Wiener Hofes aufklärt. Ich bin mit dieser gegenseitigen Mitteilung der Nachrichten so gut gefahren, daß ich dieses Mittel meinen Nachfolgern nicht genug empfehlen kann.

Notwendige Bestechungen und Vorsichtsmaßnahmen im Inland

Die Gesandten, die man an den fremden Höfen hält, können zwar vieles herausbringen, aber das genügt nicht: man muß um jeden Preis Personen gewinnen, die uns Nachrichten an der Quelle verschaffen können. Ich habe in meinem Solde drei Leute, die mir die Chiffern und die Geheimnisse ihrer Höfe verraten haben.[56] Diese Elenden sind nützlich. Sie sind gleichsam die Kompasse, die dem Schiffer die Richtung weisen, wenn dunkles Gewölk am politischen Himmel ihm den Ausblick versperrt. Dergleichen Leute braucht man vor allem in Kriegszeiten, um die feindlichen Feldzugspläne und die Befehle an die feindlichen Heerführer zu erfahren. Solche Nachrichten bekam Prinz Eugen vom Versailler Hof und vermochte dadurch die Pläne der Franzosen zu vereiteln. Ich arbeite gegenwärtig daran, mir solche Nachrichtenquellen zu erschließen, die mir ähnliche Dienste leisten können.

Aus dem gleichen Grunde, wie wir danach trachten, Beamte an Ort und Stelle zu bestechen, die uns über die Pläne unserer Feinde unterrichten können, tun dies auch unsere Feinde bei uns. Die Bestechung der Kabinettssekretäre, der Sekretäre in den Departements für auswärtige, Kriegs- und Finanzangelegenheiten sowie der Legationssekretäre könnte den Staatsgeschäften den größten Abbruch tun. Deshalb

56. Seit Frühjahr 1747 der österreichische Gesandtschaftssekretär Maximilian von Weingarten und seit dem Frühjahr 1752 der Kanzlist des sächsischen Kabinettsministeriums Friedrich Wilhelm Menzel (vgl. Ges. Werke, Bd. 3, S. 22 und 36). Nähere Angaben über den dritten Spion fehlen.

habe ich unbekannte Aufpasser, die sie beobachten und ihre
Schritte mit größter Aufmerksamkeit verfolgen. Besonders
muß man Leuten von liederlichem Wandel und schlechter
Wirtschaft mißtrauen; denn sie brauchen immerfort Geld
und werden, um ihre Gläubiger und ihre Verschwendungs-
sucht zu befriedigen, mehr aus Leichtsinn als aus Niedertracht zu Verrätern. Derartig Veranlagte bringt man nicht
in Ämter, wo sie wichtige Dinge erfahren. Zu solchen Ämtern sucht man wohlhabende Landeskinder von guten Sitten und zuverlässiger Verschwiegenheit aus und wacht über
ihre Ausgaben. Überschreiten diese ihre Einnahmen, so ist
das ein Anzeichen, dem man sofort nachgehen muß. Man
besticht die Dienstboten der fremden Gesandten, um zu
erfahren, wer in ihren Häusern verkehrt, wer mit den Ge-
sandtschaftssekretären (gefährlichen Leuten) umgeht, kurz
alles, was bei ihnen vorgeht. Verdächtige verhaftet man,
verhört sie und läßt sie wieder frei, wenn sich ihre Unschuld
herausstellt.

Große politische Entwürfe

Die allzu weitgreifenden und verwickelten politischen Entwürfe gelingen ebensowenig wie allzu künstliche Bewegungen im Kriege. Als Ludwig XIV. England, Schweden, den
Bischof von Münster und den Herzog von Hannover zur
gemeinsamen Vernichtung der Niederlande gewinnen wollte,
sah er seine Verbündeten alsbald auf seiten des bedrohten
Holland treten.[57] Als Alberoni ganz Europa gegen den König
von England und das Haus Österreich zum Krieg bringen

---

57. Ludwig XIV. verband sich 1670 mit England, 1671 mit Bischof
Christoph Bernhard von Münster, Herzog Johann Friedrich von Hannover und Bischof Ernst August von Osnabrück, 1672 auch mit Schweden gegen Holland, das er 1672 angriff. Doch 1674 schlossen diese
Frieden mit Holland oder wie der Bischof von Osnabrück ein Bündnis
mit dem Kaiser; nur der Herzog von Hannover blieb den Franzosen
treu, und erst Ende 1674 zog Schweden ins Feld, dann aber gegen
Brandenburg.

wollte, wurden seine Pläne im Keim erstickt,[58] weil Karl
XII. von Schweden fiel,[59] der Zar durch den Krieg mit Persien gebunden war und der Herzog von Orléans[60], der Re-
gent Frankreichs, sich als der Geschicktere erwies. Als Europa vor dem Tode König Karls II. von Spanien die strit-
tige Erbfolge in diesem Reich regelte und den Kurprinzen
von Bayern für den spanischen Thron bestimmte, wurden
die Verträge und die so klug eingefädelten Maßnahmen
durch den Tod dieses jungen Fürsten vereitelt.[61] Als Rußland und Kaiser Karl VI. die polnische Königswahl mit uns
vor dem Tode Augusts II. regelten, änderten sie bei dessen
Tode sämtlich ihre Politik, und der geschlossene Vertrag
wurde hinfällig.[62] Umsonst suchte Kaiser Karl VI. seine
eigene Erbfolge zu bestimmen und erlangte von fast allen
europäischen Mächten die Bürgschaft für die Pragmatische
Sanktion[63]: er starb[64], und mit seinem Tode fielen alle seine
Pläne zusammen.

Alle diese Beispiele zeigen, daß große Entwürfe, die zu
früh in Angriff genommen werden, nie zum Ziel führen.
Die Politik ist zu vielen Zufällen ausgesetzt und gibt dem

58. Kardinal Alberoni plante 1717 bis 1719 die Wiederherstellung der
altspanischen Macht; sein Vorhaben scheiterte an dem Widerstand der
Quadrupelallianz zwischen Frankreich, England, dem Kaiser und Holland (vgl. Ges. Werke, Bd. 1, S. 132 ff.).
59. Karl XII. fiel vor Friedrichshall am 11. Dezember 1718.
60. Philipp.
61. Kurprinz Joseph Ferdinand, von Karl II. 1698 zum Universalerben
der spanischen Monarchie eingesetzt, starb am 6. Februar 1699. Mit
dem Tode Karls II. am 1. November 1700 kam der Kampf um seine
Nachfolge zum Ausbruch (vgl. Ges. Werke, Bd. 1, S. 102).
62. In einem Vertrage vom 13. Dezember 1732 war für Polen die Kandidatur des Infanten Emanuel von Portugal in Aussicht genommen.
Der Vertrag gelangte nicht zur Ratifizierung, und als König August II.
am 1. Februar 1733 starb, verständigte sich sein Sohn August III. nun-
mehr mit Österreich und Rußland (vgl. S. 63 f. und Ges. Werke, Bd. 1,
S. 152 f.).
63. Durch die Pragmatische Sanktion vom 19. April 1713 setzte Karl VI.
die Erbfolge seiner Töchter und die Unteilbarkeit der österreichisch-
ungarischen Monarchie fest.
64. Am 20. Oktober 1740.

menschlichen Geist keine Gewalt über die kommenden Ereignisse und über alles, was im Bereich des Zufalls liegt.
Sie besteht mehr darin, aus günstigen Konjunkturen Nutzen
zu ziehen, als sie von langer Hand herbeizuführen. Aus diesem Grunde rate ich Euch, keine Verträge zu schließen, die
sich auf unsichere künftige Ereignisse beziehen, sondern
Euch freie Hand zu bewahren, damit Ihr Euren Entschluß
nach Zeit, Ort und Lage Eurer Angelegenheiten fassen
könnt: mit einem Wort, wie es Euer Interesse dann von
Euch erheischen wird. Ich bin gut dabei gefahren, als ich
im Jahre 1740 so handelte, und ich mache es jetzt ebenso
hinsichtlich der Dinge in Polen. Ich unterrichte Frankreich
von den Absichten des Hauses Österreich,[65] dränge es, die
Türken wachzurufen, hüte mich aber wohl, mich durch Verträge zu binden, und warte das Ereignis ab, um dann meinen Entschluß zu fassen.

Politische Träumereien

Soviel über das Tatsächliche und über die Grundlinien der
Politik, die in Preußen zu beobachten ist. Gehen wir jetzt
zum Chimärischen über. Auch die Politik hat ihre Metaphysik. Wie es keinen Philosophen gibt, der nicht sein Vergnügen daran gehabt hätte, sein System aufzustellen und
sich die abstrakte Welt seinem Denken gemäß zu erklären,
so darf auch der Politiker in dem unendlichen Gefilde
chimärischer Entwürfe lustwandeln. Können sie doch bisweilen zur Wirklichkeit werden, wenn man sie nicht aus den
Augen verliert und wenn einige Generationen nacheinan-
der, auf dasselbe Ziel losschreitend, Geschicklichkeit genug
besitzen, ihre Absichten vor den neugierigen und scharfen
Augen der europäischen Mächte gründlich zu verbergen.
Machiavell sagt,[66] eine selbstlose Macht, die zwischen ehr-

---

65. Der Thronkandidatur des Prinzen Karl von Lothringen in Polen
(vgl. S. 57).
66. *Principe*, cap. 15.

geizigen Mächten steht, müßte schließlich zugrunde gehen. Ich muß leider zugeben, daß Machiavell recht hat. Die Fürsten müssen notwendigerweise Ehrgeiz besitzen, der aber muß weise, maßvoll und von der Vernunft erleuchtet sein. Wenn der Wunsch nach Vergrößerung dem fürstlichen Staatsmann auch keine Erwerbungen verschafft, so erhält er doch wenigstens seine Macht; denn dieselben Mittel, die er zum offensiven Handeln bestimmt, sind stets zur Verteidigung des Staates bereit, falls sie notwendig ist und er dazu gezwungen wird.

Es gibt zweierlei Arten der Vergrößerung: durch reiche Erbschaften oder durch Eroberungen.

Erbschaften, die dem Königshaus zufallen können

Das Haus Brandenburg hat unbestreitbare Rechte auf die Erbfolge in den Markgrafschaften Ansbach und Bayreuth.[67] Diese Erbschaften können ihm in keiner Weise streitig gemacht werden. Das Recht ist zu klar, als daß es sich durch Verdrehungen in Frage stellen ließe. Außerdem kann kein Fürst beim Erlöschen der beiden regierenden fränkischen Linien den geringsten Widerstand gegen die Besitzergreifung durch die Krone Preußens leisten.

Unsere Ansprüche auf Mecklenburg sind ebenso klar. Sie beruhen auf einem Erbverbrüderungsvertrag[68], den die Kurfürsten von Brandenburg mit den Herzogen von Mecklenburg geschlossen haben. Trotzdem wird die Erbfolge beim Aussterben der letzteren strittig sein. Das Haus Hannover, das Mecklenburg wegen seiner günstigen Lage gern einstecken möchte,[69] hat sich unter dem Vorwand der Reichs-

---

67. Die beiden von Kurfürst Albrecht Achilles gestifteten fränkischen Sekundogenituren wurden nach ihrem Heimfall, der 1603 mit dem Tode des Markgrafen Georg Friedrich stattfand, von Kurfürst Joachim Friedrich neu begründet. Die Vereinigung beider Fürstentümer erfolgte 1769 und 1791 ihre Übertragung an Preußen.

68. Der Wittstocker Vertrag vom 12. April 1442.

69. Vgl. S. 60, Anm. 24.

exekution in den Pfandbesitz einiger mecklenburgischer
Ämter gesetzt. Indem es die Exekutionskosten willkürlich
auf lächerlich hohe Summen veranschlagt, rechnet es, einen
Fuß im Lande zu behalten und, sobald die Herzoge aussterben, bei der Teilung mit Preußen ein ansehnliches Stück
zu ergattern. Gegenwärtig leben noch acht mecklenburgi-
sche Prinzen, der Erbfall scheint also in die Ferne gerückt;
jedenfalls werde ich ihn höchstwahrscheinlich nicht mehr
erleben. Tritt er in der Folge der Zeiten ein, so meine ich,
muß man sich unverzüglich in den Besitz von Mecklenburg
setzen, die hannoverschen Truppen hinauswerfen, was nicht
schwer fallen dürfte, und unsere Rechte mit dem Schwerte
behaupten. Denn das Recht des Besitzes ist im Heiligen
Römischen Reich ein großer Vorteil. Auch kann man seine
Sache in aller Ruhe verfechten, wenn man die Einkünfte aus
seiner Erwerbung ungestört bezieht. Für Preußen wäre das
Beste, wenn dieser Erbfall zu einer Zeit einträte, wo der
König von England mit dem Hause Österreich verfeindet
oder im Krieg ist oder wenn Österreich einen schwierigen
Krieg in Ungarn oder in der Lombardei zu führen hat.
Dann wäre es leicht zu beweisen, daß die Hannoveraner
unrecht haben und das unstreitige Recht auf unserer Seite
ist.

Erwerbungen günstig gelegener Länder[70]

Von allen Ländern Europas kommen am meisten für Preußen in Betracht: Sachsen, Polnisch-Preußen und Schwedisch-
Pommern; denn alle drei runden den Staat ab.
Sachsen wäre jedoch am nützlichsten. Sein Besitz würde die
Grenzen am meisten erweitern und deckte Berlin, die Lan-
deshauptstadt und den Sitz des Königshauses, wo sich der
Staatsschatz und alle höchsten Justiz- und Finanzbehörden
sowie die Münze befinden. Die Hauptstadt ist zur Verteidigung zu weitläufig gebaut und hat durch einen Fehler

70. Im Urtext: »Acquisitions par droit de bienséance.«

meines Vaters seine Befestigungen eingebüßt.[71] Der Besitz Sachsens würde diese Schwäche der Hauptstadt wettmachen und ihr durch die Elbe und die böhmischen Grenzgebirge eine doppelte Deckung verschaffen. Hätte man sich Sachsens bemeistert, so müßte man Torgau als Festung stark ausbauen, bei Wittenberg, dicht an der Elbe, eine Festung in der Art von Hüningen[72] anlegen und auf den Höhen jenseits von Zittau und diesseits von Peterswalde zwei starke Forts erbauen, die die beiden Straßen nach Böhmen sperren. Dann blieben nur noch die Straßen nach Karlsbad, Teplitz und Gera[73] zu verteidigen, aber sie würden einer österreichischen Armee beim Durchmarsch große Schwierigkeiten bieten, zumal diese ihre Lebensmittel auf elenden, langen und fast unbefahrbaren Wegen auf Karren mit sich führen müßte. Ein geschickter Führer könnte diese drei letzten Einfallstore ohne Mühe verteidigen. Die Kurmark wäre also gedeckt und von einer doppelten Sperre umgeben.

Ließe sich aber nicht ganz Sachsen unserem Staate angliedern, so könnte man sich mit der Lausitz begnügen und die Elbe zur Grenze nehmen. Das würde für den gedachten Zweck hinreichen, teils durch die Erweiterung der Grenze und teils durch drei Festungen und einen Fluß, der schwer zu überschreiten ist und der die Hauptstadt gegen feindliche Einfälle deckte.

Ihr werdet gewiß einwenden, es genüge nicht, die für uns vorteilhaften Länder zu bezeichnen, sondern man müsse auch die Mittel angeben, wie sie zu erwerben sind. Es sind folgende: Man muß seinen Plan geheimhalten und verbergen, die politische Lage benutzen, das Eintreten günstiger Umstände abwarten und, wenn sie gekommen sind, kraftvoll handeln. Die Eroberung würde erleichtert, wenn Sach-

---

71. Während der Jahre 1734 bis 1737 wurde der größte Teil der Befestigungen Berlins auf der Köllnischen Seite entfernt.
72. Hüningen war von dem berühmten französischen Festungsbaumeister Vauban angelegt.
73. Gemeint ist wohl die Straße über Eger nach Gera.

sen im Bündnis mit der Königin von Ungarn stände und
sie oder ihre Nachfolger mit Preußen brächen. Das wäre
ein Vorwand zum Einmarsch in Sachsen, um die Truppen
zu entwaffnen und sich im Lande festzusetzen. Selbst
Frankreich ließe sich beschwichtigen,[74] wenn man ihm klar
machte, daß es gegen die Regeln der Staatskunst verstoße,
im Kriege einen so mächtigen Gegner wie Sachsen in seinem
Rücken zu lassen. Die Sachsen wären leicht zu entwaffnen,
wenn man über Halle, Brandenburg, Wusterhausen, Kros-
sen und Naumburg (am Queis) fünf Korps einrücken ließe,
die unter dem Vorwand eines Einmarsches in Böhmen die
sächsischen Garnisonen unterwegs aufhöben. Jedem Korps
müßte Kavallerie vorausgehen, um die Flucht oder die Vereinigung der sächsischen Truppen bei Dresden zu verhindern. Das bei Halle zusammengezogene Korps müßte über
Leipzig, Merseburg, Weißenfels und Naumburg a. d. Saale
marschieren (letztere Stadt ist wegen des Elsterübergangs
wichtig); die schwachen sächsischen Garnisonen wären dann
gezwungen, die Waffen zu strecken. Das Potsdamer Korps
würde über Wittenberg marschieren, dies belagern und mit
den übrigbleibenden Truppen die Elbe überschreiten, um
die Quartiere zwischen Saale und Elbe aufzuheben. Das
Wusterhausener Korps würde auf Torgau und alle benachbarten Garnisonen rücken, das Krossener würde Guben,
Forst usw. einnehmen, das Naumburger (am Queis) Görlis,
Zittau und Bautzen besetzen. Auf den ersten Wink könnten
sich alle diesseits oder jenseits der Elbe vereinigen, um die
Sachsen aus Dresden zu vertreiben und die böhmischen
Berge zu säubern. Werden sie jenseits der Elbe zusammen-
gezogen, so sind die Defileen bei Meißen und Kesselsdorf
zu meiden und die Straße über Wilsdruff einzuschlagen.
Aber trotz aller Vorsichtsmaßregeln und trotz aller Beschleunigung, mit der das Unternehmen ausgeführt würde,
dürfte es den sächsischen Truppen in Chemnitz, Freiberg

---

74. Die Dauphine Maria Josepha war eine sächsische Prinzessin.

und in den Bergen sicher gelingen, sich nach Böhmen zu
retten. Das wäre jedoch nicht schlimm; die Heimatliebe im
Verein mit dem Ausbleiben des Soldes würde sie bald in alle
Winde zerstreuen.

Soll dieser Plan voll gelingen, so müßte, während wir mit
Österreich und Sachsen kämpfen, Rußland im Krieg mit
der Türkei liegen. Außerdem müßte man dem Wiener Hof
soviel Feinde wie möglich auf den Hals ziehen, um nicht
gegen seine gesamten Kräfte kämpfen zu müssen.

Nach Unterwerfung Sachsens müßte der Krieg nach Mähren getragen werden. Eine Entscheidungsschlacht in dieser
Provinz würde die Tore von Olmütz und Brünn öffnen
und den Krieg in die Nähe der Hauptstadt verlegen. Noch
im Laufe des Feldzuges müßte man 40 000 Mann in Sachsen ausheben, Truppen von Reichsfürsten gegen Subsidien
in Dienst nehmen und seine eigenen Kräfte verstärken. Im
folgenden Feldzug wäre an der Aufwiegelung Ungarns zu
arbeiten. 20 000 Mann von den Neuausgehobenen würden
in Böhmen einfallen und dies unverteidigte Land leicht erobern. Träfe es sich zugleich, daß auf Englands Thron ein
träger Herrscher säße, so brauchte keine Rücksicht auf das
Kurfürstentum Hannover genommen zu werden. Wäre es
aber ein kriegerischer Fürst, so würde man Frankreich zu
einer Diversion in das Kurfürstentum mit seinen deutschen
Subsidientruppen bewegen. Dadurch bekäme Preußen die
Ellbogen frei. Der Einfall in Hannover aber zwänge England zur Annahme der Bedingungen, die Frankreich und
seine Verbündeten stellen würden. Beim Friedensschluß
würde Frankreich Flandern einstecken; Preußen gäbe Mähren an die Königin von Ungarn zurück und tauschte Böhmen an den König von Polen gegen Sachsen aus.

Ich gestehe, daß das Gelingen dieses Plans viel Glück vor-
aussetzt. Mißlingt er aber, so ist keine Schande dabei, wenn
man nur sein Geheimnis wahrt. Und sollte man Sachsen
auf den ersten Hieb nicht ganz erwerben, so ist es doch
sicher, daß sich ein Teil davon sehr leicht absprengen ließe.

Die Hauptsache wäre, daß Rußland und die Königin von
Ungarn einen Krieg mit der Türkei, Frankreich und dem
König von Sardinien zu bestehen hätten.

Nächst Sachsen wäre für uns *Polnisch-Preußen* am vorteilhaftesten. Es trennt jetzt Pommern von Ostpreußen und
hindert, dieses zu behaupten, erstens wegen der Strom-
schranke der Weichsel und zweitens wegen der drohenden
russischen Truppenlandung im Danziger Hafen. Das wird
Euch um so mehr einleuchten, falls Ihr bedenkt, daß Ostpreußen nur von den Russen angegriffen werden kann.
Wenn sie also in Danzig landen, schneiden sie den in Ostpreußen stehenden Truppen alle rückwärtigen Verbindungen ab, und wären diese zum Rückzug genötigt, so müßte
man ihnen eine bedeutende Truppenmacht entgegenschicken,
um ihnen den Weichselübergang zu erleichtern.

Ich halte es nicht für angebracht, diese Provinz mit Waffengewalt zu gewinnen; vielmehr möchte ich wiederholen, was
Viktor Amadeus von Sardinien seinem Nachfolger Karl
Emanuel zu sagen pflegte: »Mein Sohn, die Lombardei
muß man Blatt für Blatt verspeisen, wie eine Artischocke.«[75]
Polen ist ein Wahlreich; beim Tode des jeweiligen Königs
wird es jedesmal durch Parteikämpfe zerrissen. Das muß
man sich zunutze machen und um den Preis seiner Neutralität bald eine Stadt, bald ein anderes Gebiet erwerben, bis
man alles geschluckt hat.

Ist die Erwerbung glücklich abgeschlossen, werden jedenfalls Thorn, Elbing und Marienwerder befestigt und sogar
kleinere feste Plätze längs der Weichsel errichtet werden.
Dadurch würden alle etwaigen Unternehmungen der Russen gegen uns vereitelt. Zweifellos sind ihre regulären Truppen nicht sehr zu fürchten, aber ihre Kalmücken und Tataren[76] sind Mordbrenner und Länderverwüster, die ganze
Völker in Gefangenschaft fortschleppen und alles nieder-

---

75. Vgl. Ges. Werke, Bd. 2, S. 41.
76. Schon während des nordischen Krieges hatten die von Polen zu
Hilfe gerufenen Tataren 1657 in Ostpreußen furchtbar gehaust.

brennen, wo sie sich als die Stärkeren fühlen. So haben sie es in Finnland getrieben. Das muß Euch bestimmen, einen Krieg mit Rußland so lange zu vermeiden, als Eure Ehre es zuläßt.

Erwerbungen mit der Feder sind solchen mit dem Schwert allemal vorzuziehen. Man setzt sich weniger Zufällen aus und schädigt weder seine Börse noch seine Armee. Bei der friedlichen Eroberung von Polnisch-Preußen halte ich es für durchaus nötig, Danzig bis zuletzt aufzusparen[77]. Denn über diese Erwerbung werden die Polen ein großes Geschrei erheben, führen sie doch ihr ganzes Getreide über Danzig aus: sie würden also mit Recht fürchten, durch die Weichselzölle, die Preußen auf alle von den Herren Sarmaten ausgeführte Waren legen könnte, in dessen Abhängigkeit zu geraten.

Nächst den beiden genannten Ländern wäre *Schwedisch-Pommern* für uns am vorteilhaftesten. Seine Erwerbung ließe sich nur durch Verträge erreichen.[78] Dieser Plan ist aber noch phantastischer als die vorhergehenden. Trotzdem könnte er unter folgenden Umständen gelingen. Rußland als stärkste Macht im Norden hat Schweden dahin gebracht, sich mit Preußen zu verbünden[79], um ein Gegengewicht in die Waagschale der Mächte zu werfen. Träte nun der günstige Umstand ein, daß Rußland einen Krieg auf dem Hals hätte und Schweden dies benutzte, um Livland[80] zurückzuverlangen, könnte Preußen diesem dann nicht gegen Abtretung von Schwedisch-Pommern seinen Beistand versprechen? Die Schwierigkeit liegt aber darin, daß man, um Rußland in Liv- und Estland anzugreifen, notwendigerweise die Überlegenheit zur See haben müßte. Die schwedische Flotte ist jedoch schwach, und wir haben nicht ein

---

77. Danzig und Thorn fielen erst 1793 in der zweiten polnischen Teilung an Preußen.
78. Sie gelang erst 1815 auf dem Wiener Kongreß.
79. 1747. Vgl. S. 62.
80. Livland war seit dem Frieden von Nystadt (1721) in russischem Besitz.

Kriegsschiff. Die Belagerung von Reval, Narwa und den anderen Seestädten wäre also ausgeschlossen, ganz abgesehen davon, daß die Zufuhr von Lebensmitteln fast unmöglich wäre. Angenommen auch, es gelänge Preußen, Livland zu erobern, so liegt es doch fast auf der Hand, daß Schweden nicht durch Finnland vordringen könnte; denn die Russen haben dort Festungen, die durch ihre Lage uneinnehmbar sind. Somit käme es nach vielem Blutvergießen zu einem Frieden, in dem alles wieder herausgegeben würde und jeder so viel behielte, als er vor Kriegsbeginn besessen.

Das ist ungefähr alles, was ich über die für uns vorteilhaften Erwerbungen sagen kann. Bringt unser Haus große Fürsten hervor, bewahrt das Heer seine jetzige Kriegszucht, legen die Herrscher im Frieden zurück, um im Kriege Geld zu haben, benutzen sie die Ereignisse mit Geschick und Besonnenheit, sind sie schließlich selbst einsichtsvoll, so zweifle ich nicht, daß der Staat allmählich wächst und sich vergrößert und daß Preußen mit der Zeit zu einer der bedeutendsten Mächte Europas wird.

Das Ziel, das man sich setzen muß, um die Macht des Staates zu konsolidieren

Unserem Staate fehlt noch die innere Kraft. Alle preußischen Provinzen umfassen nur fünf Millionen Seelen. Das Heer ist ansehnlich, aber nicht stark genug, um den Feinden, die uns umgeben, zu widerstehen. Unsere Einnahmen sind beträchtlich, aber es fehlt uns im Falle der Not an Hilfsquellen. Mühsam ziehen wir uns aus der Verlegenheit, indem wir unsere Truppen zweimal soviel manövrieren lassen als der Feind und ihm stets dieselben Leute entgegenstellen, von welcher Seite er auch komme. Das ermüdet sie sehr und setzt bei ihrem Führer große Wachsamkeit voraus. Unsere Finanzen drehen sich ganz um Ersparnisse und dienen uns zur Kriegführung, ohne daß wir andere Hilfsmittel besitzen als Klugheit bei ihrer Verwaltung. Soll also das

Schicksal des Staates gesichert sein, so darf sein Wohl nicht
von den guten oder schlechten Eigenschaften eines einzelnen
abhängen. Um sich aus eigener Kraft zu erhalten, müßten
Heer und Finanzen etwa auf folgenden Stand gebracht
werden. Ich wünschte, daß wir Provinzen genug besäßen,
um 180 000 Mann, also 44 000 mehr als jetzt, zu unterhalten. Ich wünschte, daß nach Abzug aller Ausgaben ein jähr-
licher Überschuß von 5 Millionen erzielt würde.[81] Sie dürf-
ten aber nicht auf feste Ausgaben angewiesen werden, sondern der Herrscher müßte nach freiem Belieben über sie
verfügen können, nachdem er 20 Millionen in den Staatsschatz[82] gelegt hat. Diese 5 Millionen machen ungefähr die
Kosten eines Feldzugs aus.[83] Mit ihnen könnte man den Krieg
aus eigenen Einkünften bestreiten, ohne in Geldverlegen-
heiten zu geraten und irgend jemand zur Last zu fallen. In
Friedenszeiten könnte diese Einnahme zu allen möglichen
nützlichen Ausgaben für den Staat verwandt werden.

Veränderungen, die in Europa eintreten können

Wir sind nun einmal im Zuge, uns dem Spiel der Phantasie
zu überlassen. Ich bleibe also im Rahmen, wenn ich hier
sage, was sich an künftigen Veränderungen in Europa voraussehen läßt.
Ich hüte mich vor Prophezeiungen und überlasse dem Nostradamus seine »Zenturien«[84] und den Propheten die Dun-
kelheiten ihrer heiligen Rätsel. Ich leite nur aus der Ver-
kettung der Ereignisse ihre natürlichen Folgen ab. Jedoch
sind meine Mutmaßungen unverhofften Zufällen ausge-

81. Nach der Berechnung des Königs betrug der Reinüberschuß 1752
rund 3 Millionen Taler (vgl. S. 19 und 20); doch blieb der in Höhe
von 1 Million veranschlagte Münzgewinn aus.
82. Der Staatsschatz enthielt 1752 rund 7 Millionen Taler.
83. Vgl. S. 50.
84. Nostradamus (Michel de Notredame), französischer Astrolog, verfaßte Prophezeiungen, die 1555 unter dem Titel *Les Centuries de
Nostradamus* erschienen.

setzt. Auch müßte man verborgene Zusammenhänge durchschauen, die künftigen Bewohner dieses Erdballs kennen und
wissen, welche Staaten große Männer hervorbringen und
welche Mächte erschlaffen werden. Darum gebe ich alles,
was ich vorhersehe, nur als politische Träumereien oder als
wesenlose Schatten.

Österreich: Anscheinend wird das Haus Österreich seine
alte Politik nicht aufgeben. Die Minister sind deren Träger,
und bisher haben die Herrscher sich ihrer Meinung anbe-
quemt. Seit Ferdinand I. sieht man die beständige Anwendung der gleichen Grundsätze, Herrschsucht in allen Dingen, häufige Versuche, den Despotismus im Reiche aufzu-
richten, zähe Ausdauer im Glück wie im Unglück, einen
Starrsinn, der den Kaisern oft geschadet hat. Man sieht sie
ihre Verbündeten geflissentlich verachten und sie als Sklaven behandeln, allen, die ihnen Dienste erwiesen, mit Un-
dank lohnen, sieht ihren Groll sich immer gegen den wenden, der der letzte war, der sie kränkte. Man sieht, daß sie
sich zwar verstellen können, aber nie die Kunst besaßen,
Entgegenkommen bei Verhandlungen und angenehme Formen im Umgang zu zeigen.

Gegen Österreich spricht folgendes: Wie Ihr aus meinem
eigenen Munde hörtet, habe ich der Königin von Ungarn
gegenüber kein reines Gewissen. Aber wie ich ihr Böhmen
entreißen möchte, so der König von Sardinien die Lombardei, der Türke Ungarn, der König von Frankreich Flandern,
ja selbst Bayern möchte seine Erbansprüche zu neuer Geltung bringen, sobald es die geringste Möglichkeit dazu
sähe[85]. Der Tod des Königs von England, der bald erfolgen

---

85. Durch die Pragmatische Sanktion von 1713 (vgl. S. 79) hatte Karl
VI. eine Erbordnung seines Vaters von 1703 umgestoßen, nach der
die Töchter des Erstgeborenen, seines Bruders Joseph I., das Erbe an-
treten sollten, sobald in beiden Linien die männliche Nachkommen-
schaft ausstürbe. Die jüngere Tochter Josephs I., Maria Amalia, war
aber die Gemahlin Kaiser Karls VII., des Vaters des Kurfürsten Maximilian III. Joseph. Dazu kamen noch ältere Rechte, die auf eine Erbordnung Ferdinands I. von 1546 zurückgingen.

muß, der Sturz Bestushews oder irgendeine Umwälzung in Rußland wären für das Haus Österreich sehr nachteilig. Von Holland hat es bei dessen großer Schwäche nichts zu erwarten, und auf Sachsens Beistand ist nicht viel zu geben.

Für Österreich spricht: Die Königin hat bessere Ordnung in ihre Finanzen gebracht als irgendeiner ihrer Vorfahren. Ihre gute Wirtschaft hat den Ausfall an Einkünften wettgemacht, den sie durch den Verlust mehrerer schöner Provinzen erlitten hatte. Sie unterhält zurzeit ein stehendes Heer von 140 000 Mann regulärer Truppen; außerdem kann sie noch 40 000 Mann in Ungarn aufstellen[86]. Schenkt der Zufall ihr ein Genie wie den Prinzen Eugen, so kann ihre Macht aus der Asche neu erstehen und für Europa furchtbar werden. Zu erwägen ist ferner, daß die Kaiserkrone dem Erzherzog Joseph sicher ist;[87] denn er hat keinen Nebenbuhler, der sie ihm streitig machen kann.

Das Reich. Hier drängt sich eine andere Frage auf: Wird sich die veraltete, wunderliche Reichsverfassung erhalten, oder läßt sich eine Änderung voraussehen? Ich bin der Meinung, sie wird sich dank der Eifersucht der Reichsfürsten wie der Nachbarmächte erhalten. Trotzdem glaube ich, daß die Zahl der kleinen Fürsten und namentlich der Reichsstädte ständig abnehmen wird. Ich selbst habe miterlebt, wie das Herzogtum Zeitz, Merseburg und Weißenfels durch Erbschaft an Sachsen fielen.[88] Ostfriesland kam an Preußen,[89] die Grafschaft Hanau an den Landgrafen von Hessen,[90]

---

86. Die sogenannte Insurrektion.

87. Bisher hatten die von England unterstützten Verhandlungen über die Wahl Josephs zum Römischen König (vgl. S. 63 f.) noch zu keinem Ergebnis geführt.

88. Der Rückfall der Lande Sachsen-Zeitz erfolgte 1718, Sachsen-Merseburg 1738 und Sachsen-Weißenfels 1746.

89. 1744 (vgl. S. 60).

90. Mit dem Aussterben des Mannesstammes in Hanau 1736 fiel die Grafschaft Hanau-Münsterberg an Hessen-Kassel und Hanau-Lichtenberg an Hessen-Darmstadt.

Sachsen-Lauenburg an Hannover[91]. Nach Erlöschen des bayrischen Hauses werden Bayern, die Pfalz und das Herzogtum Zweibrücken einen einzigen Staat bilden.[92] Das Haus
Hannover wird sicherlich im Besitz des Bistums Osnabrück bleiben, sobald es ihm nach dem Tode des Kurfürsten
von Köln zugefallen ist.[93] Preußen kann die Erbfolge in
Mecklenburg und in den fränkischen Markgrafschaften an-
treten.[94] Somit werden die Kleinstaaten allmählich von den
großen verschluckt werden. Das gleiche Los harrt der Reichsstädte. Der König von Dänemark begehrt Hamburg, Sachsen begehrt Erfurt, der Kurfürst von Bayern Augsburg,
der Herzog von Württemberg Ulm; der Kurfürst von der
Pfalz steckte gern Frankfurt am Main ein, und der Kurfürst von Hannover wird sich nicht die Gelegenheit ent-
gehen lassen, die Hand auf Bremen und Lübeck zu legen.
Anders steht es mit den geistlichen Fürstentümern. Die Zeit,
wo man sie säkularisierte wie im Westfälischen Frieden, ist
vorüber. Nur das Bistum Osnabrück könnte seinen Charakter wechseln. Die anderen sind sämtlich katholisch, somit
werden sich der Papst und alle Katholiken ihrer Säkulari-
sierung widersetzen; auch möchte kein katholischer Fürst
sie besitzen.

Prüfe ich derart die Lage des Reiches, so ist es mir wahrscheinlich, daß die Kaisermacht ständig sinken wird; denn
wenn sich die Kurfürsten zusammentun und sich auf Frankreich stützen, kann ihre zunehmende Macht ein Gegengewicht gegen die Kaisermacht bilden. Deshalb fürchtet man

91. Das Herzogtum Sachsen-Lauenburg fiel schon 1705 an Hannover,
doch erfolgte erst 1716 die kaiserliche Belehnung.
92. Mit dem Tode Maximilian III. Josephs (1777) erfolgte die Vereinigung von Bayern und der Pfalz, mit dem Tode Karl-Theodors (1799)
die Vereinigung dieser Lande mit Zweibrücken unter Maximilian IV.
Joseph (seit 1806 König von Bayern).
93. Kurfürst Clemens August, Erzbischof von Köln, war zugleich Bischof
von Osnabrück. Als dieser 1761 starb, folgte ihm Prinz Friedrich, der
zweite Sohn König Georgs III. Durch den Reichsdeputationshauptschluß
kam 1803 Osnabrück an Hannover. Vgl. S. 58.
94. Vgl. S. 81 f.

in Wien auch den Machtzuwachs der Kurfürsten- und Herzogshäuser. Aber die Kaiser vermögen nichts dagegen, sobald diese Vergrößerung auf dem legitimen Wege unbestreitbaren Erbrechtes vor sich geht.

Vielleicht wundert Ihr Euch, daß ich die Worte »Haus Österreich«, »Kaiser« und »Wiener Hof« als Wechselbegriffe gebrauche. Das geschieht aber mit Vorbedacht. Man wird das Haus Österreich nicht sobald von dem Kaiserthron verdrängen. Dazu müßte man ihm ein mächtiges Haus entgegensetzen, das, von guten Bundesgenossen unterstützt, die höchste Würde mit bewaffneter Hand fordern kann. Wir sahen den letzten Kaiser aus dem Haus Bayern[95] Schiffbruch erleiden, weil er zu schwach war, um der Macht der Königin von Ungarn Widerstand zu leisten, und heute kann kein Kurfürst dem jungen Erzherzog Joseph gegenüber als Bewerber um die Kaiserwürde auftreten. Ist einmal Bayern mit der Pfalz vereinigt, so kann der Kurfürst im Besitz dieser Lande vielleicht den Wettbewerb mit dem neuen Haus Österreich aufnehmen und ihm die Kaiserwürde streitig machen; dann bleibt aber noch die Frage offen, ob der Kurfürst die nötigen Eigenschaften besitzt, um einen so hochfliegenden Plan auszuführen.

»Aber«, wird man einwenden, »muß ein Kaiser denn katholisch sein? Warum denkst du denn nicht daran, deinem Hause diese Würde zu erwerben?« Ich antworte: Kein Gesetz schließt die Protestanten von dem Kaiserthron aus, aber abgesehen davon, würde ich Euch nicht raten, nach dieser höchsten Würde zu trachten. Ein König von Preußen muß mehr darauf sinnen, eine Provinz zu erobern, als sich mit einem leeren Titel zu schmücken. Eure erste Sorge sei, den Staat zu dem Gipfel der Größe zu führen, dessen Idealbild ich Euch gezeichnet habe. Kurz, erst dann dürft Ihr der Eitelkeit opfern, wenn Ihr Eure Macht dauerhaft begründet habt.

95. Karl VII.

Frankreich: Nächst Deutschland ist Frankreich die mächtigste Monarchie in Europa. Aber die Staaten sind nur das, was die Regierenden aus ihnen machen. Man kann fast mit Sicherheit voraussehen, daß die Könige von Frankreich bei ihrer schlechten Erziehung sämtlich schwache Fürsten sein werden. Ihre Regierungen werden bis auf den Namen denen der merowingischen Schattenkönige gleichen, die ihre Macht in die Hände der Hausmeier legten. Die Franzosen sind noch gut daran, wenn sie von einem Premierminister beherrscht werden. Dann hat ihre Politik wenigstens ein System, während jetzt der Zufall blind herrscht und die Minister, die die einzelnen Departements leiten, auf ihre Kollegen eifersüchtiger sind als auf alle äußeren Feinde.

Das denkbar größte Unglück, das Frankreich in naher Zeit zustoßen kann, ist das Erlöschen des Herrscherhauses. Sofort würden sich zwei Parteien erheben, die spanische[96] und die der Orléans, und die Folge wären Bürgerkriege. Dann hätten seine Feinde leichtes Spiel; sie würden zu seiner inneren Zersetzung beitragen, wohl gar zum äußeren Verfall. In einem solchen Durcheinander könnte es niemand verhindern, daß das Haus Österreich Elsaß und Lothringen zurückgewinnt.[97] Vielleicht fielen die Engländer in der Normandie und Bretagne ein, und wer weiß, ob es den feindlichen Mächten nicht gelänge, die Monarchie zwischen Spanien und dem Herzog von Orléans zu teilen und dafür ihre Eroberungen zu behalten. Aber der Dauphin kann noch Familienzuwachs bekommen,[98] und das Herrscherhaus kann dauernd die Krone behalten. Tritt dies ein, so kann man aus der vergangenen Geschichte Frankreichs die zukünftige ablesen. Oft hatte es infolge seiner Nachlässigkeit Unglück

---

96. Das Haus Anjou, das mit Philipp V. auf den spanischen Thron gelangt war.
97. Vgl. S. 66 f.
98. Der Ehe der Dauphins waren bisher ein Sohn und eine Tochter entsprossen.

im Kriege, aber stets raffte es sich durch seine gewaltigen
Hilfsmittel oder durch das Geschick großer Heerführer
wieder empor. Ludwigs XII. unglückliche Feldzüge in Italien[99] schwächten das Reich nicht. Kaum hatte Franz I. den
Kerker von Madrid verlassen, so zwang er Karl V. zur
Aufhebung der Belagerung von Metz.[100] Unter Heinrich III.
zugrunde gerichtet, wurde Frankreich unter Heinrich IV.
zum Schrecken seiner Feinde. Ludwig XIV. wäre im Spanischen Erbfolgekriege fast unterlegen, kam aber durch den
Sonderfrieden mit der Königin Anna von England[101] und
den Sieg bei Denain (1712) wieder hoch. Wir haben miterlebt, in welcher verzweifelten Verfassung sich Frankreich
nach dem Rückzug seiner Truppen aus Böhmen[102] befand.
Seine Lage änderte sich aber zusehends, als der Marschall
von Sachsen die Führung übernahm und durch drei große
siegreiche Schlachten[103] und die Eroberung von Flandern
und Brabant Ludwig XV. in die Lage versetzte, seinen
Feinden das Gesetz vorzuschreiben. Nur die Schwäche des
Königs und seiner Minister trug die Schuld daran, daß
er die schönste Gelegenheit der Welt versäumte, diese Eroberung seinem Reich einzuverleiben.
Nachlässigkeit und die Mißwirtschaft, die in diesem Reiche
herrscht, werden stets dahin führen, daß Frankreich große
Fehler begeht. Seine Lebhaftigkeit, die sich im guten wie
im schlimmen äußert, wird je nach der einmal eingeschla-
genen Richtung dazu beitragen, seine Angelegenheiten zu
fördern oder zugrunde zu richten, ohne daß sich erraten

99. 1499–1504 und 1507–13.
100. Ein Irrtum des Königs. Nach dem Madrider Frieden aus der Haft
entlassen, schloß Franz I. 1526 sofort gegen Karl V. die Ligue zu
Cognac, während die erfolglose Belagerung des von den Franzosen be-
setzten Metz 1552 stattfand.
101. Am 8. Oktober 1711 wurden die Präliminarien gezeichnet, denen
der Abschluß des Utrechter Friedens am 11. April 1713 folgte.
102. Im Dezember 1742.
103. Bei Fontenoy (11. Mai 1745), bei Rocoux (11. Oktober 1746) und
bei Lawfeld (2. Juli 1747).

läßt, was geschehen wird. Jedoch wird die tiefe Erschlaffung, in die Frankreich versunken ist, es nicht hindern,
Kriege zu führen, besonders wenn seine Eitelkeit ihm ein-
flüstert, daß es der Würde Frankreichs entspricht, sich in
alle europäischen Angelegenheiten einzumengen. Das kann
man als Grundsatz betrachten, und so könnt Ihr darauf
rechnen, daß kein irgendwie beträchtlicher Krieg ausbricht,
in den Frankreich sich nicht alsbald einmischt.

Spanien: Ich glaube, die schönen Tage Spaniens sind vorüber, und der Zweig des Hauses Bourbon, der dort heute
regiert, wird sich nur in kleinen Kriegen in Italien hervor-
tun, es sei denn, daß die Bourbonen, die heute auf dem
Thron Frankreichs sitzen, aussterben.[104]

Portugal: Der König von Portugal ist bisher nichts als ein
Großbankier mit dem Königstitel. Er bringt sich als Kauf-
mann zur Geltung; möglich, daß seine Nachkommen es als
Könige tun.

Sardinien: Die Könige von Sardinien sind vom Vater auf
den Sohn große Männer gewesen.[105] Schlagen sie nicht aus der
Art, so werden sie etwa in 100 Jahren wohl Könige der
Lombardei sein.

Rom: Die Päpste sind gegenwärtig, was sie sein sollen: die
Beichtväter der Könige. Die Bannstrahlen des Vatikans
sind Theaterblitze geworden. Die Fürsten sind von der
Angst vor Bann und Interdikt geheilt und flößen dem römischen Papst ihrerseits Furcht ein. Rom zittert vor Kir-
chenkonzilen und vor den Kriegssteuern, die katholische
Herren ohne Gewissensskrupel dem Patrimonium Petri auf-
erlegen.

England: England scheint sich auf eine vormundschaftliche
Regierung gefaßt zu machen.[106] Diese Art Interregnum wird
große Parteiungen im Lande hervorrufen. Die Regierung

104. Vgl. S. 94.
105. Gemeint sind Viktor Amadeus II. (1680–1730); Karl Emanuel III.
(1730–1773).
106. Vgl. S. 58.

wird dann schwach sein und nicht wieder zu Kräften kommen, es sei denn, daß der König nach erlangter Großjährigkeit entweder selbst gut regiert oder seine Geschäfte einem klugen Minister anvertraut. Nach aller Wahrscheinlichkeit wird der Prinz von Wales, der ganz Engländer geworden ist, sich mehr der Leitung der Engländer als der Hannoveraner anvertrauen. Wechselt er als König oft die Minister, so wechselt er auch die Politik. Solange die Staatssekretäre mit der Bestechung des Parlaments fortfahren, wird die Hofpartei die Oberhand behalten, wofern der König nicht etwas gegen die Gesetze und die Volksfreiheiten unternimmt; denn dann stände alles gegen den Hof zusammen, und alle Verführungskünste der Minister wären vergeblich.

England hat zwar oft blutige Tragödien gesehen, in denen die Unbeständigkeit, ja die Barbarei des Volkes mit der königlichen Majestät gespielt hat,[107] aber es ist nicht anzunehmen, daß die Nation das heutige Herrscherhaus entthront. Der Hof war so geschickt, den Staatskredit in den Dienst der gegenwärtigen Regierung zu stellen. Auch das Herrscherhaus wird daran festhalten, wofern nicht ein langer, erschöpfender Krieg den Staatsbankrott herbeiführt. Aber selbst wenn das einträte, würde damit den Stuarts nicht der Weg zum Throne gebahnt.[108] Die Religion zieht hier eine unübersteigliche Schranke. Es ist seltsam, daß ein Volk, das sich zum Deismus bekennt, sein früheres Herrschergeschlecht vom Throne ausschließt, weil dieses einer anderen Konfession angehört als der Hochkirche, aber die Anglikaner sind duldsam und alle Katholiken verfolgungssüchtig. Angenommen auch, daß die Stuarts nicht ausstürben: wer wollte ihnen die so oft besessene und verlorene Krone wieder aufs Haupt drücken? Das englische Volk?

---

107. Anspielung auf die Hinrichtung König Karls I. (1649).
108. Jakob Eduard Stuart und sein Sohn Karl Eduard erhoben als Nachkommen des 1688 vertriebenen Königs Jakob II. Ansprüche auf die englische Krone. Sie gehörten dem katholischen Glauben an.

Die Engländer sind die Henker Karls I. und haben Jakob II. verbannt. Oder Frankreich? Es hat die Stuarts nur zu Diversionen gegen England benutzt.[109] Übrigens würde es der französischen Politik sehr recht sein, wenn die Stuarts wieder Könige von Schottland oder Irland würden, aber sie hätte von ihrer Thronbesteigung in England nichts zu erwarten. Bleibt noch die Frage offen, ob Irland oder Schottland allein stark genug wären, um sich gegen England zu behaupten. Doch die Aussichten sind dafür nicht günstig; denn sie sind stets von England besiegt worden, das den Sitz des Reichtums und der Hilfsquellen der Monarchie bildet. Ist also der Plan unausführbar, die drei Königreiche voneinander zu trennen und England einen unversöhnlichen Nachbarn zu geben, der stets zu Diversionen bereit ist, wenn die Londoner Regierung ihre Kräfte anderswo brauchen will, so ist es auch so gut wie gewiß, daß die Stuarts nie etwas anderes als Könige ohne Land sein werden.

Nach dem oben Gesagten vermag ich nicht zu erraten, inwieweit England Einfluß auf die europäischen Angelegenheiten behalten wird. Hätte ich wie Eric[110] das künftige Geschlecht gesehen, das in England herrschen soll, so wüßte ich mehr davon. Die Reiche hängen von den Männern ab, die sie regieren. Erinnert Euch, daß England unter Cromwell geachtet, unter Karl II. verachtet wurde.

Dänemark wird zweifellos das Ziel verfolgen, sich den Besitz von Holstein zu sichern[111], und vielleicht die Hand auf Hamburg legen. Nach allem Anschein wird es im Seekrieg Erfolg haben; denn seine Marine ist in gutem Stand. Zu Lande aber wird es geschlagen werden; denn es hat die Mannszucht stark vernachlässigt.

Schweden, Dänemarks Nachbar, ist zugleich aristokratisch und demokratisch und bewahrt dazu die äußeren Formen

109. In den Jahren 1715/16, 1744 und 1745/46 (vgl. Ges. Werke, Bd. 2, S. 165 und 244 f.).
110. Die nähere literarische Beziehung ist nicht festzustellen.
111. Vgl. S. 62 f.

der Monarchie. Es wird zweifellos große Veränderungen erfahren. Das Volk und die Großen sehen die Mängel ihrer Regierung ein. Eine ziemlich starke Partei möchte diesen abhelfen.[112] Ist also ein Herrscher dieses Landes nur etwas ehrgeizig und lacht ihm die Gelegenheit, so wird man bald den Absolutismus nach Schweden zurückkehren sehen. Dabei kann ich nicht sagen, ob der König dann die Macht haben wird, die Karl XII. besaß, oder die beschränkte Macht, mit der Gustav Adolf sich begnügte. Erfolgt dieser Staatsstreich in einem Augenblick, wo Rußland durch einen Krieg in Polen oder gegen die Türken abgelenkt ist, so wird das Unternehmen vermutlich gelingen. Wird es voreilig gemacht, so läuft der Herrscher Gefahr, von der Oppositionspartei, die von den russischen Waffen unterstützt wird, entthront zu werden.

Ihr werdet mich ohne Zweifel fragen: Liegt es in Preußens Vorteil, daß diese Veränderung in Schweden stattfindet? Ich antworte: Ja, solange Rußland so mächtig bleibt wie jetzt. Da man ein Gleichgewicht der Mächte im Norden anstreben muß, ist es klar, daß Schweden unter monarchischer Regierung sein kleines Gewicht in die Waagschale werfen kann, während es jetzt ein lästiger Verbündeter oder besser gesagt ganz unnütz ist. Überhaupt ist Schweden derart geschwächt, daß es mehr als dreier Geschlechter bedarf, soll es für seine Nachbarn wieder bedrohlich werden.

Auch *Polen* bleibt ein Gemisch von halb republikanischer und halb monarchischer Staatsform. Der alte Wirrwarr wird dort wahrscheinlich lange andauern, falls das Haus Österreich nicht den Prinzen von Lothringen auf den Thron bringt[113] und das Königtum erblich macht, wie schon früher in Ungarn und Böhmen. Hiergegen muß sich Preußen mit aller Gewalt auflehnen. Selbst Rußland, wenn es seine wahren Interessen kennt, kann und darf es nicht dulden. Allem

---

112. Der »Hofpartei« stand die sogenannte »Freiheitspartei« gegenüber, die eine unumschränkte Herrschaft des Senats und der Stände erstrebte.
113. Vgl. S. 57 und 69 f.

Anschein nach wird dieser Streit den nächsten europäischen
Krieg entfesseln, und das Waffenglück wird entscheiden,
ob Preußen oder das neue Haus Österreich die Oberhand
erlangt.

Rußland: Von Schweden und Polen komme ich von selbst
zu dem benachbarten Rußland. Allem Anschein nach werdet
Ihr in diesem Lande die seltsamsten Umwälzungen erleben.
Rußland wird von einem sinnlichen Weibe[114] beherrscht,
das die Staatsgeschäfte einem vom Ausland bestochenen
Minister[115] überläßt. In der inneren Politik stärkt diese Frau
mit Ungeschick die Macht des Klerus und erläßt ihm alle
Abgaben, die Peter I. ihm auferlegt hatte. Sie zerrüttet die
Finanzen durch ihre unordentliche Wirtschaft wie durch
ihre Ausgaben. Sie läßt die Kriegsmacht verfallen, weil
die Mannszucht fehlt, und vor allem, weil sie die ausländischen Offiziere verabschiedet. Ihr Nachfolger[116] ist ein Fürst
ohne Geist, ohne Nachkommen und zudem bei den Russen
verhaßt. Die entthronte Zarenfamilie ist noch vollzählig am
Leben[117] und nach Sibirien verbannt. Aus dieser Darstellung
läßt sich abnehmen, daß Rußland im Kriege kein Glück
haben würde, weil es kein Geld und keine guten Offiziere
hat, daß es sicherlich zu einer Umwälzung kommt, sei es
bei Lebzeiten der Zarin, sei es nach ihrem Tode, daß der
kleine Iwan Anhang finden und wohl gar den Prinzen von
Holstein[118] vertreiben wird; vielleicht aber auch werden beide Thronprätendenten das Riesenreich untereinander teilen. Was indes auch geschehen möge, man kann jedenfalls
annehmen, daß der junge Iwan ein Barbar sein wird; denn
er wird zeitlebens die Erziehung spüren, die er im Kloster
zu Archangelsk erhalten hat. Er wird sein ganzes Vertrauen

---

114. Zarin Elisabeth.
115. Bestushew (vgl. S. 59).
116. Großfürst Peter.
117. Der 1740 geborene und 1741 entthronte Zar Iwan IV. mit seinem
Vater, Herzog Anton Ulrich von Braunschweig-Wolfenbüttel, während
seine Mutter, die Regentin Anna, bereits 1746 gestorben war.
118. Großfürst Peter.

in die Popen setzen, die ihn erzogen und ihn sicher noch russischer gemacht haben, als Peter I. zur Zeit seiner Thronbesteigung war. So muß es kommen, wenn der Knabe nicht außerordentlich begabt ist und sich nicht selbst aus der krassen Unwissenheit befreit, in der ihn zu erhalten im Vorteil aller Großen liegt. Bürgerkriege in Rußland und noch mehr die Teilung dieses Reiches wären das Günstigste, was für Preußen und alle nordischen Mächte geschehen könnte.

Ihr fragt vielleicht, was ich bei all diesen Veränderungen, die ich voraussehe, zu tun rate? Ich bin nicht so tollkühn, Euch Ratschläge für ferne, ungewisse Ereignisse geben zu wollen. Diese Dinge sind zu unbestimmt, um Euch genaue Regeln für Euer Verhalten vorzuschreiben. Ich begnüge mich, Euch zu wiederholen, was ich Euch schon im einzelnen gesagt habe: Führt eine weise Finanzwirtschaft, damit Ihr Geld habt, wenn Ihr es braucht; schließt Bündnisse mit denen, die genau dieselben Interessen haben wie Ihr; schließt niemals Verträge, um Maßnahmen für ferne Ereignisse zu treffen. Wartet stets den Eintritt der Ereignisse ab; danach faßt Euren Entschluß und handelt entsprechend. Hütet Euch wohl, auf die Zahl und die Treue Eurer Verbündeten zu bauen. Rechnet nur auf Euch selbst, dann werdet Ihr Euch nie täuschen. Seht Eure Verbündeten und Eure Verträge nur als Notbehelf an. Eine große Zahl von Verträgen bringt mehr Schaden als Nutzen. Schließt nur wenige, aber stets im rechten Augenblick, und sichert Euch alle Vorteile, während Ihr so wenig wie möglich aufs Spiel setzt.

Die Politik der kleinen Fürsten ist ein Gewebe von Schurkenstreichen. Die Politik der großen bedingt viel Klugheit, Verstellung und Liebe zum Ruhm. Es ist für einen Staatsmann ganz verkehrt, stets schurkisch zu handeln; er wird dann bald durchschaut und verachtet. Scharfsinnige Köpfe ziehen aus gleichartiger Haltung ihre Schlüsse. Daher muß man sein Spiel nach Möglichkeit ändern, sich nicht in die Karten sehen lassen und sich in einen Proteus verwandeln, muß bald lebhaft, bald langsam, bald kriegerisch, bald friedfertig erscheinen. Auf diese Weise führt Ihr Eure Feinde irre und macht sie in ihren Anschlägen gegen Euch vorsichtig. Es empfiehlt sich aber nicht nur, sein Benehmen zu wechseln; man muß es vor allem auch den Ereignissen anpassen, der Lage, in der man sich befindet, der Zeit, den Orten und den Personen, mit denen man zu tun hat. Droht Euren Feinden nie; die Hunde, die bellen, beißen nicht. Beobachtet im Verkehr mit den Mächten verbindliche Formen, mildert stolze oder beleidigende Ausdrücke. Übertreibt nicht, wenn es sich um kleine Zwistigkeiten handelt. Habt nie Euren eigenen Stolz, sondern stets das Staatswohl im Auge. Seid verschwiegen in Euren Geschäften; verbergt Eure Absichten. Zwingt die Ehre des Staates Euch, den Degen zu ziehen, so falle auf Eure Feinde Donner und Blitz zugleich.

Verträge darf man nur aus triftigen Gründen brechen. Ihr könnt dazu gezwungen werden. Der Fall träte ein, wenn Ihr fürchtet, daß Eure Verbündeten einen Sonderfrieden schließen, und Ihr habt Zeit und Mittel, ihnen zuvorzukommen.[119] Auch Geldmangel, so daß Ihr den Krieg nicht fortsetzen könnt, oder wichtige Vorteile können Euch dazu bestimmen. Solche verzweifelten Entschlüsse kann man einmal, höchstens zweimal im Leben wagen, aber man darf nicht täglich zu solchen Mitteln greifen.[120]

VORMUNDSCHAFTEN

Wenn die Gottheit sich um die menschlichen Erbärmlichkeiten kümmert, wenn die schwache Menschenstimme bis zu

119. Anspielung auf den 1742 in Breslau geschlossenen Sonderfrieden zwischen Preußen und Österreich (vgl. Ges. Werke, Bd. 2, S. 119 f.).
120. Mit dem Problem des Vertragsbruches beschäftigte sich König Friedrich näher in dem »Vorwort« zu den drei Fassungen der *Geschichte meiner Zeit* (vgl. Ges. Werke, Bd. 2, S. 2 f., 13 ff. und 273). Erst in der letzten Fassung von 1775 gelangte er zu der Formulierung von vier ganz bestimmten Fällen, die den Bruch rechtfertigten.

ihr dringen kann, dann wage ich dieses unbekannte und allmächtige Wesen anzuflehen, Preußen vor der Geißel einer Minorennitätsregierung gnädig zu bewahren. Es gibt kein Beispiel dafür, daß eine vormundschaftliche Regierung glücklich gewesen ist. Alle Beispiele, die uns die Geschichte liefert, erhalten ihre Signatur durch die Leiden der Völker, durch Spaltungen und oft durch auswärtige oder innere Kämpfe. Preußen braucht während der Herrschaft eines minorennen Fürsten keine Bürgerkriege zu befürchten, wohl aber eine schwache Regierung, schlechte Verwaltung der Finanzen, schwankende Politik, Lockerung der Mannszucht und Verfall der Ordnung im Heere, die die Truppen bisher unbesieglich gemacht hat. Was in dieser Zeit der Schwäche vor allem zu befürchten stände, das wäre ein Krieg. Das Haus Österreich würde sich beeilen, daraus Vorteil zu ziehen, und wenn sich je die Gelegenheit böte, wäre das der Augenblick, um die heranwachsende Macht unseres Staates niederzuwerfen.

Es liegt indessen in der Natur der Dinge, daß der Fall im Laufe der Zeit einmal eintritt. Da ich die künftige Generation nicht kenne, so vermag ich keine Ratschläge zu geben, wie man sich in solch traurigen Zeitläuften verhalten soll. Ich glaube jedoch, es wäre für den Staat vorteilhafter, den nächsten männlichen Anverwandten des jungen Königs zum Vormund zu wählen und ein so schwieriges Amt niemals einer Frau anzuvertrauen. Meine Gründe sind folgende: In der Regel läßt sich ein Mann bei seinen Handlungen mehr von der Überlegung leiten als eine Frau. Er ist mehr zur Arbeit geschaffen und infolgedessen zur Aufrechterhaltung der bestehenden Ordnung in allen Zweigen der Regierung besser befähigt als eine Königin-Witwe. Ihr sind die Geschäfte neu, sie neigt dazu, sich von den Ministern beherrschen zu lassen, und ist unfähig, das Heerwesen gut zu verwalten. Ihr werdet mir vielleicht einwerfen, daß es für den jungen König sehr gefährlich wäre, in der Abhängigkeit eines ehrgeizigen Onkels oder Vetters zu stehen. Darauf

erwidere ich: die Zeiten, da man mit Gift arbeitete, sind
vorüber. Das Heer und das ganze Land haben dem jungen
König den Treuschwur geleistet. Der Vormund muß sich
innerhalb der ihm vorgeschriebenen Grenzen halten, und
ebenso, wie nur ein einzelner einen Staat mit sicherer Hand
zu leiten vermag, bedarf es auch eines unumschränkten Vor-
mundes, damit ein für den Thron bestimmter Fürst eine
gute Erziehung erhält. Der Vormund kann ihn wie seinen
Sohn erziehen, die Schmeichler, die die Tugend der Fürsten
verderben, von seiner Wiege fernhalten, seinen Hochmut
unterdrücken und ihn zwingen, sich die Fähigkeiten anzu-
eignen, die zur guten Regierung notwendig sind. Wie man
einem geschickten General Vollmacht erteilt, die für das
Staatswohl nützlichsten Operationen auszuführen, ebenso
muß auch der Vormund während seiner Regentschaft eine
unbeschränkte Herrschaft führen und nicht an die Zustimmung eines Ministerrates gebunden sein. Der würde ihm nur
zu unrechter Zeit Hindernisse in den Weg legen oder Anlaß
zur Bildung von Parteien geben.

SCHLUSSBETRACHTUNGEN

Aus all diesen schon zu weitläufig behandelten Einzelheiten
erseht Ihr jedenfalls, wie wichtig es ist, daß der König von
Preußen selbständig regiert. Sowenig Newton in gemein-
samer Arbeit mit Leibniz und Descartes sein Gravitations-
gesetz hätte entdecken können, sowenig kann ein politisches
System aufgestellt werden und sich behaupten, wenn es
nicht aus einem einzigen Kopfe hervorgeht. Es muß aus
dem Geiste des Herrschers entspringen wie die gewaffnete
Minerva aus Jupiters Haupt: das heißt, der Fürst muß
sein System entwerfen und es selbst zur Ausführung bringen. Denn da seine eigenen Gedanken ihm mehr am Herzen
liegen als die der anderen, so wird er seine Pläne mit dem
Feuer betreiben, das zu ihrem Gelingen nötig ist, und so

wird seine Eigenliebe, die ihn an sein Werk fesselt, auch dem Vaterlande zum Nutzen gereichen.

Alle Zweige der Staatsverwaltung stehen in innigem Zusammenhang. Finanzen, Politik und Heerwesen sind untrennbar. Es genügt nicht, daß eins dieser Glieder gut verwaltet werde; sie wollen es alle gleichermaßen sein. Sie müssen in gradgestreckter Flucht, Stirn an Stirn, gelenkt werden, wie das Viergespann im olympischen Wettkampf, das mit gleicher Wucht und gleicher Schnelle die vorgezeichnete Bahn zum Ziele durchmaß und seinem Lenker den Sieg gewann. Ein Fürst, der selbständig regiert, der sich sein politisches System gebildet hat, wird nicht in Verlegenheit geraten, wenn es einen schnellen Entschluß zu fassen gilt; denn er verknüpft alles mit dem gesteckten Endziel.

Zumal in den Einzelheiten des Heerwesens muß er sich die denkbar größten Kenntnisse erworben haben. Vom grünen Tisch aus entwirft man schlechte Feldzugspläne, und wohin führen die schönsten Pläne, wenn sie durch die Unwissenheit des mit ihrer Ausführung Betrauten scheitern? Wer die Bedürfnisse einer Armee nicht kennt, wer sich um die zahllosen Einzelheiten ihrer Verpflegung nicht kümmert, wer nicht weiß, wie man ein Heer mobil macht, wer die Regeln der Kriegskunst nicht kennt, wer es nicht versteht, die Truppen in der Garnison zu schulen und im Felde zu führen, der wird, und wäre er sonst auch der geistvollste Mensch, der beste Volkswirt, der schlaueste Politiker, niemals Großes ausrichten, wenn er nicht selber Feldherr ist. Ich gedenke im folgenden Abschnitt auf zahlreiche Einzelheiten der Kriegswissenschaft einzugehen. Hier will ich Euch nur überzeugen, daß der König von Preußen den Krieg unbedingt zu seinem Hauptstudium machen und den Eifer derer anfeuern muß, die den edlen und gefährlichen Waffenberuf ergriffen haben.

Preußen ist von mächtigen Nachbarn umgeben, darunter von einem unversöhnlichen Feinde: dem Haus Österreich. Ihr müßt daher auf häufige Kriege gefaßt sein. Es folgt

daraus auch, daß das Militär in Preußen die erste Stelle
einnehmen muß, genau wie bei den welterobernden Römern
in der Periode ihres Aufstiegs, genau wie in Schweden,
als Gustav Adolf, Karl X. und Karl XII. die Welt mit
ihrem Ruhm erfüllten und der Ruf des schwedischen Namens bis in die fernsten Lande drang. Ämter, Ehren, Belohnungen, die man abwechselnd verleiht, spornen und
feuern die Talente an. Lob, das dem Verdienst gezollt
wird, erweckt in den Herzen des Adels edlen Wetteifer,
und dieser treibt ihn dazu an, den Waffenberuf zu ergreifen und sich Kenntnisse zu erwerben, verschafft ihm Auszeichnungen und Vermögen. Die Offiziere verachten und
von ihnen fordern, daß sie mit Ehren dienen, ist ein Wider-
spruch. Einen Beruf ermutigen, der die Macht des König-
reichs bildet, die Säulen des Staates (wenn ich mich so ausdrücken darf) achten, sie dem Geschlecht verweichlichter und
schwachherziger Menschen vorziehen, die nur zur Dekora-
tion eines Antichambres gut sind: das heißt nicht allzu hohe
Gunstbeweise erteilen noch launenhaft handeln, sondern
dem Verdienst seine Krone geben, heißt ein schwaches
Rauchopfer auf dem Altar der Offiziere darbringen, die
jeden Augenblick bereit sind, ihr Blut für das Vaterland
zu vergießen.

Ich habe selbst Krieg geführt und gesehen, daß Obersten
bisweilen über das Schicksal des Staates entschieden haben. Man kann nicht Krieg führen, ohne daß es zu entscheidenden Schlägen käme, die das Geschick der Reiche
bestimmen. Der Gewinn oder Verlust einer Schlacht verleiht
dem Sieger fröhliche Mut und schmettert den Besiegten
zu Boden. Durch die Schlacht bei Ramillies (1704) verlor
Frankreich ganz Flandern. Durch die Schlacht bei Höch-
städt (1704) verlor der Kurfürst von Bayern[121] sein Kurfürstentum und ganz Schwaben. Die Schlacht bei Turin
(1706) verjagte die Franzosen aus der Lombardei, und die

121. Maximilian II. Emanuel.

Schlacht bei Villaviciosa (1710) setzte Philipp V. auf den spanischen Thron und zwang Karl VI. zum Verzicht auf Spanien. Daher sagte Heinrich IV.: Eine Schlacht hat einen langen Schwanz. An solchen wichtigen und entscheidenden Tagen lernt man den Wert guter Offiziere schätzen. Da lernt man sie lieben, wenn man sieht, mit welch hochherziger Todesverachtung, mit welch unerschütterlicher Ausdauer sie den Feind zur Flucht zwingen und den Sieg und das Schlachtfeld behaupten. Es genügt aber nicht, ihnen in dem Augenblick Achtung zu zollen, wo man ihrer bedarf und wo ihre Taten Euch Beifall abringen. Auch in Friedenszeiten müssen sie das Ansehen genießen, das sie sich mit so großem Recht erworben haben. Ehren und Auszeichnungen gebühren denen, die ihr Blut für die Ehre und Erhaltung des Staates vergossen haben.

Alle Welt blickt in den Monarchien auf den Herrscher. Die Öffentlichkeit schließt sich seinen Neigungen an und scheint bereit, jeder Anregung, die er gibt, zu folgen. Daher kam es, daß die römischen Prälaten unter Leo X. üppig und prachtliebend, unter Sixtus V. verschlagen und weltklug waren, daß England unter Cromwell zur Grausamkeit neigte und sich unter Karl II. einem galanten Leben ergab, daß unter dem anfeuernden Beispiel der Prinzen von Oranien die Niederlande, obwohl eine Republik, zur kriegerischen Nation wurden, daß das Römische Reich, unter Titus und den Antoninen noch heidnisch, sich unter Konstantin, der als der erste den neuen Kult annahm, zum Christentum bekehrte. In Preußen muß der Herrscher das tun, was für das Staatswohl am ersprießlichsten ist; daher muß er sich an die Spitze des Heeres stellen. Auf diese Weise gibt er dem Waffenhandwerk Ansehen und erhält unsere vortreffliche Mannszucht und die bei den Truppen eingeführte Ordnung. Ich sage ausdrücklich: er erhält diese Ordnung; denn besitzt er keine Sachkenntnis, wie will er da über Ordnung und Mannszucht bei den verschiedenen Regimentern und Truppenteilen urteilen? Wie kann er verbessern, was er selbst nicht versteht? Wie kann er die Obersten wegen begangener Fehler tadeln, wie ihnen sogleich angeben, worin sie es versehen haben, und sie belehren, wie und wodurch sie ihre Regimenter in guten Stand setzen können? Wenn er selbst nichts von der Regiments- und Kompaniewirtschaft, von der Truppenführung und Manövrierkunst versteht, wird er dann so unklug sein, sich hineinzumischen? Dann würde er sich ja durch seine sinnlosen Forderungen ebenso der Lächerlichkeit preisgeben wie durch Anordnung falscher Truppenbewegungen. Alle diese Kenntnisse erfordern beständige Übung, die man nur erwerben kann, wenn man selber Soldat ist und mit ununterbrochenem Fleiße dem Heeresdienst obliegt.

Endlich wage ich die Behauptung, daß nur der Herrscher diese bewundernswerte Mannszucht im Heere einführen und erhalten kann. Denn oft muß er seine Autorität aufbieten, muß die einen ohne Ansehen der Person und des Grades streng tadeln, die anderen freigebig belohnen, die Truppen soviel als möglich mustern und ihnen nicht die geringste Nachlässigkeit hingehen lassen. Der König von Preußen muß also notwendig Soldat und oberster Kriegsherr sein. Dies Amt, um das man sich in allen Republiken und Monarchien mit Eifer und Ehrgeiz bewirbt, wird dennoch von den Königen Europas recht gering geschätzt. Sie glauben, ihrer Würde etwas zu vergeben, wenn sie ihre Armee selbst führen. Aber dem Throne gereicht es zur Schande, wenn verweichlichte und träge Fürsten die Führung ihrer Truppen den Generalen überlassen. Ja, sie stellen sich damit stillschweigend ein Zeugnis ihrer Feigheit oder Unfähigkeit aus.

In Preußen ist es gewiß ehrenvoll, in Gemeinschaft mit der Blüte des Adels und Elite der Nation an der Befestigung der Mannszucht zu arbeiten. Erhält sie doch dem Vaterlande seinen Ruhm, verschafft ihm in Friedenszeiten Achtung und führt im Kriege den Sieg herbei. Man müßte ein ganz erbärmlicher Mensch, in Trägheit versunken, von lasterhaftem Leben entnervt sein, wollte man die Mühe und Arbeit scheuen, die die Erhaltung der Mannszucht im Heer erfordert. Wird man dafür doch sicher belohnt durch Eroberungen und den Ruhm, der für den Herrscher noch viel wertvoller ist als der höchste Gipfel der Erhabenheit und die größte Machtentfaltung.

Das Heerwesen

Um während des Krieges brauchbar zu sein, verlangt das Heerwesen schon in Friedenszeiten die sorgfältigste Pflege. Im Frieden, sagt Vegetius, muß diese Kunst studiert und im Kriege angewandt werden.

Die Kriegskunst zerfällt in zwei Teile. Der erste bezieht sich auf den kleinen Dienst: die Zucht, Ausbildung und Ordnung der Truppen, Auswahl von Mannschaften und Pferden, die Wirtschaft des Soldaten, des Offiziers usw. Der zweite Teil umfaßt die Kenntnisse des Feldherrn: Feldzugspläne, Taktik, Belagerungen usw. Ich beschränke mich in diesem Kapitel auf Erörterungen des ersten Teiles und behalte mir den zweiten für das folgende Kapitel vor.[1]

Der König-Connetable[2] muß wissen, welche Wichtigkeit die Erhaltung straffer Mannszucht besitzt. Die Disziplin ist die Seele der Heere. Solange sie in Blüte steht, erhält sich der Staat. Man braucht nur nachzulesen, was Vegetius[3] von der römischen Miliz erzählt. Will man Beispiele aus jüngerer Vergangenheit, so finde ich zwei, die beide in meine Zeit fallen. Das erste ist der Untergang der Disziplin bei den Schweden, der den Mißerfolg des Krieges in Finnland[4] herbeiführte. Die Offiziere hatten die Regeln der Kriegskunst vergessen. Die Soldaten, von Beruf Bauern, wußten nichts von Gehorsam gegen ihre Führer und verstanden nicht gegen den Feind zu manövrieren. Die Folge davon war der Verlust Finnlands. Das andere Beispiel, das ich erlebt habe, betrifft die Holländer. Unter allen oranischen Prinzen bildeten ihre Truppen das Muster für die

1. Die 1748 verfaßten *Generalprinzipien des Krieges* (vgl. Ges. Werke, Bd. 6, S. 3 ff.), die dem Testament hinzugefügt sind.
2. Der Connetable, der an der Spitze des Heeres stand, gehörte zu den obersten Hofbeamten der älteren französischen Monarchie.
3. Flavius Vegetius, *Epitoma rei militaris*, Buch I, Kap. I.
4. 1741–43. Vgl. S. 62.

europäischen Heere. Auch die Preußen haben von ihnen die Ordnung und Kriegskunst gelernt. Nach dem Tode König Wilhelms[5] regierten die Amsterdamer Kaufleute unter dem Titel von Greffiers, Pensionären und Generalstaaten. Sie machten ihre Ladendiener zu Offizieren und verachteten die Verteidiger der Republik. Alter und Tod rafften ihre guten Offiziere weg. Die Obersten wurden zu Pächtern ihrer Regimenter. Die Subalternoffiziere verweichlichten. Die Hefe des Volkes, der Auswurf der Nation ergriff das Waffenhandwerk, und da ihre Zahl nicht hinreichte, wurden Mietssoldaten angeworben. Niemand hatte ein Auge auf die Truppen. Da brach der Krieg aus.[6] Der jämmerliche Haufe republikanischer Miliz wurde gefangengenommen oder bedeckte sich durch Feigheit mit Schande. Flandern wurde von den Franzosen erobert, und Holland wäre Ludwig XV. zum Opfer gefallen, hätte er den Willen oder den Verstand gehabt, seinen Vorteil auszubeuten.

Ihr seht also, wie wichtig es für jeden Staat und besonders für eine im Aufstieg begriffene Macht ist, daß der Fürst sein eigener Heerführer ist, auf straffe Mannszucht im Heere hält und sich durch kleinliches Detail die Lust nicht vergällen läßt.

Ich bin in der Armee aufgewachsen. Meine Wiege war von Waffen umgeben. Ich habe vom Kapitän aufwärts durch alle Grade gedient. Mein Vater hielt mich in meiner Jugend zu allem an, was die Mannszucht der Truppen, die Verpflegung, Ausbildung und alle zur Taktik gehörenden Übungen angeht. Ich kann also über diese Gegenstände mit Sachkenntnis zu Euch reden und Euch alle Punkte nennen, auf die Ihr Eure Aufmerksamkeit richten müßt, wenn Euch der edle Ehrgeiz beseelt, die Armee in ihrem gegenwärtigen gefürchteten Zustande zu erhalten.

Wir prüfen zunächst die Auswahl der Leute, aus denen die Regimenter bestehen.

5. Erbstatthalter Wilhelm III., König von England († 1702).
6. Der Österreichische Erbfolgekrieg.

Rekrutierung

Bei den alten Infanterieregimentern[7] wollen wir im ersten
Gliede keine Leute unter 5 Fuß 8 Zoll und im zweiten keine
unter 6 Zoll, gut gemessen. Die von mir errichteten Regimenter haben in allen Gliedern einen Zoll weniger als die
alten, aber die schlesischen werden in kurzem den alten Truppenteilen gleichkommen. Diese hohe Statur ist nötig; denn
die großgewachsenen Leute sind kräftiger als die anderen.
Keine Truppe auf der Welt könnte ihrem Bajonettangriff
widerstehen.
Bei der Kavallerie sehen wir nicht sowohl auf großen
Wuchs als auf breite Schultern, doch dürfen die Kürassiere
und ebenso die Dragoner nicht unter 6 Zoll messen. Das
genügt. Sie müssen so groß sein, um ohne Hilfe auf große
Pferde hinaufzukommen. Bei den Husaren macht die Größe
nichts aus, doch sieht man auf das Alter und duldet keine
halbwüchsigen Burschen in den Regimentern.

Kantons

Alle Regimenter, sowohl Infanterie wie Kavallerie, haben
Kantons.[8] Die Kantons machen die Truppenteile unsterblich,
indem sie ihnen Rekruten liefern und in Kriegszeiten zur
Komplettierung dienen. Die Schonung der Kantons ist einer
der Gründe, aus denen wir bei der Infanterie hohen Wuchs
fordern. Sie dürfen in Friedenszeiten nicht entvölkert werden. Die Kompagnie Infanterie soll nicht über 60 Mann
aus dem Kanton haben. Der Rest muß im Ausland angeworben werden. Die Kompagnie Kavallerie[9] darf in Frie-

7. Die bereits vor Regierungsantritt König Friedrichs bestehenden Regimenter.
8. Eine Ausnahme bildeten die Garde, die drei in Wesel stehenden
Infanterieregimenter Dossow, Jungken und Wuthenau und die Regimenter Prinz Heinrich und Prinz Franz von Braunschweig.
9. Zwei Kompagnien bildeten eine Schwadron.

denszeiten nur 30 Mann aus dem Kanton bekommen. Infolge der guten Ordnung, die ich in den Kantons einge- führt habe, verfügt die Armee gegenwärtig über eine Hilfs- quelle von 20 000 waffenfähigen Männern im Lande. Ein Teil davon hat bereits den Krieg mitgemacht und ist in die Dörfer heimgeschickt, der andere mißt 5 Fuß 4, 5 oder 6 Zoll. Ferner sollen die Offiziere allen Enrollierten des Kantons[10] und allen Soldaten, die Landskinder sind, einen unentgeltlichen Heiratspermeß erteilen. Das geschieht, um das Land zu bevölkern und die Rasse, die vorzüglich ist, nicht aussterben zu lassen.

Jede Einrichtung ist Mißbräuchen ausgesetzt; so auch die der Kantons. Es handelt sich um folgendes. Die Offiziere lassen sich den Abschied, den sie den Enrollierten geben, bisweilen teuer bezahlen, oder sie nehmen unter verschie- denen Vorwänden Geld vom Kanton, oder sie heben Söhne von Kaufleuten oder Gewerbetreibenden oder einzige Söh- ne von Bauern aus. Die, welche sich Erpressungen zuschul- den kommen lassen, verdienen strenge Bestrafung. Auch darf nicht geduldet werden, daß die Offiziere Gewerbe- treibende oder Söhne von Kaufleuten enrollieren: die müs- sen sie sofort wieder freigeben. Andrerseits ist aber auch darauf zu achten, daß die Edelleute, Amtmänner und Prie- ster, besonders in Oberschlesien und Westfalen, die Enrol- lierung nicht verhindern. In solchen Fällen ist das Militär gegen das Land zu unterstützen. Unablässig muß der Herr- scher eine Art Gleichgewicht zwischen den Soldaten und den Land- und Stadtbewohnern erhalten, damit alle in ih- ren Schranken bleiben.

Kommissarische Revuen, die der Herrscher abhalten muß

In den alten Provinzen versammeln sich jedes Frühjahr, in Schlesien gegen den Herbst, alle Regimenter zum Exerzie- ren. Sämtliche Offiziere müssen zur Stelle und die Kom-

10. Die in die Stammrolle Eingetragenen.

pagnien vollständig sein. Die Chefs haften dafür, daß alle
Invaliden ausgemerzt sind, die an unheilbaren Wunden,
schweren Beinschäden, an der Schwindsucht leiden oder
durch Alter oder fehlende Zähne[11] dienstuntauglich geworden sind. Sie alle könnten schon den ersten Feldzug nicht
mitmachen. Man würde die Regimenter für vollzählig halten, wenn sie mitgeschleppt würden. Im folgenden Jahre
würde man den Ausfall merken, der durch ihre Invalidität
bei den Kompagnien entstände, und müßte sie dann doch
fortschicken. Duldete man sie aber nur ein einziges Jahr,
so würde ihre Zahl beträchtlich, und statt daß man, wie
es sich gehört, mit der vollen Stärke der Regimenter rechnen könnte, ergäbe sich vom Ausbruch des Krieges an, auch
ohne daß sie ins Gefecht gekommen wären, ein Abgang von
einigen tausend Mann. Damit also die Regimenter in gutem
Zustand bleiben, muß der König-Connetable alle Jahre oder
so oft als möglich Revue über sie halten, die Kompagnien,
die Rekruten besichtigen und sich vergewissern, ob die
Gestorbenen und Invaliden durch gleich große und kräftige
Leute ersetzt sind, streng die Offiziere tadeln, die in dieser
Hinsicht ihre Pflicht vernachlässigt, und die belobigen,
die sie erfüllt haben. Bei der Revue werden dem König
auch die invaliden Soldaten vorgeführt. Es bestehen Fonds,
auf die man ihnen Pension anweist. Andere versorgt man
mit kleinen Anstellungen bei der Akzise, ebenso die Unteroffiziere, die bessere Posten erhalten.
Ferner werden bei den Revuen die neuen Unteroffiziere
geprüft. Alle müssen alte Soldaten sein. Ich habe nicht ge-
litten, daß mir ein Student oder ein junger Mann, wofern
er nicht von Adel war, als Unteroffizier vorgestellt wurde.
Denn ein alter, kriegstüchtiger und tapferer Soldat versteht
sich bei der Mannschaft Respekt zu verschaffen, während
ein Federfuchser nicht den Kommandoton besitzt und Stra-
pazen nicht gewachsen ist.

11. Die Patronen mußten vor dem Gebrauch erst abgebissen werden.

Was ich von der Infanterie sage, gilt ebenso für die Kavallerie. Bei ihr ist ferner auf die Größe der Pferde zu sehen. Ich dulde bei den Kürassieren oder Dragonern keine unter 5 Fuß 2 Zoll. Ist ein Regiment schlecht beritten, so werden alle untauglichen Gäule, die nicht mehr im Galopp gehen können, ausgemustert. Ferner ist es wichtig, ob die Regimenter gutes Zaum- und Sattelzeug haben und ob die Steigbügel gleichmäßig hochgeschnallt sind, damit die Leute nicht mit einem zu langen oder zu kurzen Bügel reiten.

Bei den kommissarischen Revuen werden die invaliden Offiziere verabschiedet und die fortgejagt, deren Betragen nicht ihrer Stellung entspricht und die sich nicht wie Ehrenmänner benehmen. Die Ausgeschiedenen sind durch Fähnriche des Regiments zu ersetzen. Unter ihnen wählt man die aus, die am gescheitesten sind, sich am besten geführt haben und die besten Zeugnisse von den Stabsoffizieren besitzen.

Der König muß vor allem darauf sehen, daß in der Armee gute Stabsoffiziere und ein gut zusammengesetztes Korps von Kapitänen sind. Die Kapitäne müssen ihre Kompagnie vollzählig erhalten; sie müssen mit Leib und Seele dienen. Die Stabsoffiziere müssen kluge Köpfe sein. Wird ein alter Kapitän allzu schwerfällig und unbehilflich, so befördert man ihn zum Major in einem Garnisonregiment und setzt einen anderen an seine Stelle. Mit noch mehr Aufmerksamkeit sind die Kommandeure der Regimenter[12] auszusuchen. Wenn sie etwas taugen sollen, müssen sie Tapferkeit, Entschlossenheit, eigene Entschlußfähigkeit besitzen und streng auf die Beobachtung der Disziplin halten. Das ist die Schule für die Generale.

Die Generale müssen mit noch größerer Sorgfalt ausgewählt werden. Hätte ich Männer wie Turenne finden können, ich hätte nur solche angestellt. Von einem General verlangt man Tapferkeit, Kenntnis der Kriegskunst, Bega-

12. Der Kommandeur führte das Regiment, während der Chef, nach dem das Regiment auch hieß, die Verantwortung für dieses trug.

bung und vor allem den glücklichen Instinkt, sich sofort zu
orientieren und sich mühelos zu entscheiden. Er muß einen
Vorrat von Plänen im Geiste und von Hilfsmitteln in seiner
Phantasie haben, muß, ohne die Einzelheiten zu vernachlässigen, die großen Zweige der Kriegskunst beherrschen,
muß tatkräftig und wachsam sein. Da eine Armee viele
Generale gebraucht, so können nicht alle gleich gut sein.
Aber wenigstens hüte man sich vor der Wahl von Dumm-
köpfen oder von Leuten, denen man Mangel an Tapferkeit
vorwerfen kann, und bemühe sich, solche ausfindig zu machen, die mindestens so viel Verstand besitzen, daß sie die
erteilten Befehle gut ausführen. Wenn also Regimentskom-
mandeure oder Generale sterben, muß der König-Connetable aus dem ganzen Offizierkorps die auswählen, die sie
zu ersetzen imstande sind. Die Ordnung und der gute Zustand der Regimenter hängt von der Tüchtigkeit ihrer Kommandeure ab und die gute Ausführung der Operationen
eines Heeres von der Intelligenz und Tatkraft der Generale.
Aus diesem Grunde kann der König nicht Sorgfalt genug
auf ihre gute Auswahl verwenden.

Belohnungen für die Offiziere

Uns fehlt es an Mitteln zur Belohnung aller Offiziere, die
sich ausgezeichnet haben. Die Ehrenzeichen sind der Schwarze Adlerorden, den nur Generalleutnants erhalten, und der
Orden ›Pour le mérite‹. Beide aber tragen nicht einen Groschen ein.
Die Pensionen bestehen in ungefähr 25 000 Talern, die auf
die Domänenkasse angewiesen sind, und in vierzig Amtshauptmannschaften, deren jede 500 Taler einbringt. Einige
Pensionen für Offiziere habe ich von geistlichen Stiftern
in Schlesien zahlen lassen. Ferner habe ich in allen Dom-
kapiteln Pfründen zu vergeben und einige Gouverneurs-
posten. In Wahrheit werfen alle diese Benefizien zwar so
viel ab, um anständig davon zu leben, aber nicht genug, da-

mit die Offiziere und Generale ihre Familien versorgen
können. Das wäre indessen nicht nur für eine Zahl von
verdienstvollen, aber wenig mit Glücksgütern gesegneten
Militärs zu wünschen, sondern auch für den Staat selbst
wäre es ehrenvoll, die geleisteten Dienste reichlich zu belohnen. Dann könnten in den Familien die Enkel der jetzt
Lebenden sagen: Diesen Besitz hat unser Großvater im
Staatsdienst erworben.

Disziplin

Die Mannszucht führt im Heer blinden Gehorsam ein. Sie
ordnet den Soldaten dem Offizier unter, den Offizier seinem Kommandeur, den Obersten dem General und sämtliche Generale dem Höchstkommandierenden. Murrt ein
Soldat gegen seinen Unteroffizier oder setzt er sich mit
dem Säbel zur Wehr, zieht ein Offizier den Degen gegen
seinen Kommandeur usw. – über all diese ist die Todesstrafe
verhängt. Ihnen gegenüber darf der Herrscher keine Gnade
walten lassen. Das Beispiel wäre zu gefährlich! Die geringste Lockerung der Disziplin würde zur Verwilderung
führen, diese zur Aufsässigkeit, und schließlich würden die
Chefs nicht Herr ihrer Untergebenen sein, sondern ihnen
gehorchen müssen.
Aus dem Grunde besitzen die Generale und Obersten unbeschränkte Vollmacht über ihre Regimenter. Sie haften dem
König für sie Mann für Mann. Der Chef empfängt seine
Befehle, und der König ist sicher, daß sie zur Ausführung
gelangen. Daher kommt es, daß Truppen, die vom Geiste
straffer Disziplin erfüllt sind, keinen Ungehorsam, keine
Widerrede, keine Klagen kennen. Ja, inmitten der größten
Gefahren hören sie auf das Kommando und bieten dem Tode Trotz, wenn ihre Chefs es ihnen befehlen. Sie gehen,
wohin sie geführt werden, und verrichten Wunder, wenn
das Beispiel tapferer Offiziere sie anfeuert.
Die Disziplin hält den Soldaten in Schranken und zwingt

ihn zu vernünftiger und geregelter Lebensführung, hält
ihn von jeder Gewalttat, von Diebstahl, Trunkenheit und
Spiel zurück und nötigt ihn, beim Zapfenstreich in seinem
Quartier zu sein. In einem gut disziplinierten Heere muß
es ehrbarer zugehen als in einem Mönchskloster. Mit solcher strengen Subordination erreicht man, daß eine ganze
Armee von der Führung eines einzigen abhängt. Der
braucht, wenn er ein geschickter Feldherr ist, dann nur richtig zu denken und kann sicher sein, daß seine Ideen pünktlich ausgeführt werden.

Ordnung der Regimenter

Unter dem Worte Ordnung versteht man die Gleichmäßig-
keit des Dienstes und die Genauigkeit im Exerzieren. Ist
ein Regiment in guter Ordnung, dann muß eine Kompagnie
der anderen ähneln, dann muß Körperhaltung, Ausrüstung,
Kleidung, ja selbst die Haltung der Waffen gleich sein. Die
Ordnung stellt Exaktheit in den Bewegungen und Kriegs-
manövern her und erstreckt sich auf alles, was in der Taktik
mechanisch ausgeführt wird. Sie umfaßt gleichzeitig den
Wachdienst für Posten und Patrouillen, die Pflichttreue des
Offiziers, das Revidieren der Quartiere und Lazarette,
alles so, wie es in den militärischen Reglements angeordnet
ist, abgesehen von einigen kleinen Änderungen im Exerzieren, die ich eingeführt habe. Da ich die militärischen Reglements hier nicht abschreiben will, so verweise ich Euch darauf. Nur so viel bemerke ich: es ist notwendig, daß der
Herrscher selbst ein Regiment führt, es in Zucht und Ordnung hält und es selber exerziert. Damit gibt er der Armee
nicht nur ein Beispiel, sondern lernt auch selbst Fehler
sehen und verbessern und kann die Offiziere unterweisen,
wie sie die Truppen ausbilden, in Ordnung halten und exerzieren sollen.

Exerzierübungen und Manöver

Die Regimenter versammeln sich alle Jahre auf zwei Monate zum Exerzieren. Diese Übungen haben lediglich den Zweck, die Soldaten auszubilden und ihnen Gewandtheit beizubringen. Ich habe den Brauch eingeführt, nach Ablauf der Exerzierzeit die Truppen nach Provinzen in Lagern zu versammeln und manövrieren zu lassen, um die Offiziere heranzubilden und sie in der Übung der Truppenführung zu erhalten. Ich habe die Taktik zu vervollkommnen gesucht und die Truppen in den verschiedensten Evolutionen geübt, im Aufmarsch nach rechts oder links, nach der Mitte und aus verschiedenen Kolonnen, damit sie sich schneller formieren lernen als alle Truppen der Welt. Ich habe die Offiziere geübt, das Gelände zu beurteilen und richtig zu besetzen, besonders sich die Flanken zu sichern. Ich habe sie dazu erzogen, im Geschwindschritt auf den Feind loszugehen, ohne zu schießen, nur mit dem Bajonett. Denn man wird den Feind bei kühnem Angriff unfehlbar in die Flucht jagen und viel weniger verlieren als bei langsamem Vorrücken. Eine Schlacht gewinnen, heißt den Gegner zwingen, Euch seine Stellung zu überlassen. Geht Ihr ihm langsam entgegen, so bringt sein Feuer Euch starke Verluste bei. Rückt Ihr im Geschwindschritt gegen ihn vor, so schont Ihr Eure Soldaten. Eure feste Haltung schlägt ihn und zwingt ihn zu wilder Flucht. Ich habe auch die drei Glieder der Infanterie gleichmäßig ausgebildet. Sie marschieren alle auf ein Wort auf, und die beiden hinteren Glieder sind ebenso gut gedrillt wie das erste. Das ist um so nötiger, als das erste Glied im Kriege starke Verluste erleidet und die beiden anderen bald an seine Stelle treten. Dann aber ist zu ihrer Ausbildung keine Zeit mehr, es muß also vorher geschehen.

Ich habe die Kavallerie geübt, alle Arten von Attacken ungestüm zu reiten, in jedem Gelände zu kämpfen, sich geschwind zu formieren und sich schnell wieder zu sammeln,

ihre Flanken zu decken und die des Gegners zu gewinnen.
Darin besteht mit wenig Worten die ganze Wissenschaft der
Kavallerieführer.

Von ihnen verlange ich rasche Entschlußfähigkeit: die kann
ich ihnen nicht beibringen. Man kann wohl die natürlichen
Anlagen der Menschen pflegen, aber es steht nicht in der
Macht der Könige, sie nach Belieben auszuteilen. Wenn ich
große Kavalleriemassen zusammenzog, begnügte ich mich
nicht damit, sie alle Arten von Attacken reiten zu lassen.
Sie mußten auch die Deckung von Rückzügen übernehmen,
auf Fouragierung von Grün- und Trockenfutter gehen und in
in verschiedenstem Gelände Arrieregardengefechte liefern.
Ich habe sie von Husaren angreifen lassen, die bei uns im
Felde den kleinen Krieg führen und in der Schlacht den
Dienst der schweren Kavallerie versehen. Alle diese Dis-
positionen muß der König-Connetable selber entwerfen
und auf ihre sorgfältige Ausführung halten. Wäre er nicht
zugegen, so ließen die Generale sich gehen, und ihre Nachlässigkeit hätte zur Folge, daß die Armee bei den Manövern
nichts lernte und die Zeit der Lagerübungen ungenutzt ver-
striche.

Artillerie

Die Artillerie erheischt in Friedenszeiten die gleiche Aufmerksamkeit wie die Kavallerie und Infanterie. Ich wiederhole nicht, was ich über die Auswahl der Offiziere gesagt habe. Die Artillerieoffiziere müssen vor allem das
Ingenieurwesen studiert haben und bei allen Artilleristen
Europas eigene Laune ablegen, zur Unzeit Schwierigkeiten
zu machen.

Die Artillerie wird zu Schlachten und Belagerungen ausgebildet. Was die Schlacht betrifft, so übt man die Kanoniere
im Laden, Zielen und raschen Schießen mit den kleinen
Feldkanonen. Sie müssen sie ebenso geschwind ziehen,[13]

13. Die Bataillonsgeschütze waren unbespannt und wurden von den
Kanonieren gezogen.

wie die Infanterie marschiert. Was die Belagerungen angeht, so gewöhnt man sie, gut zu zielen und mit Kanonen jeden Kalibers auf Entfernungen von 12 000 bis 600 Fuß nach der Scheibe zu schießen. Dann läßt man Rikoschettbatterien errichten, um die Linien eines zu diesem Zwecke aufgeführten Polygons der Länge nach zu bestreichen. Die Kanoniere müssen lernen, ihre Batterien in einer Nacht zu erbauen und richtig abzuschätzen, wieviel Pulver zu Rikoschettschüssen gehört, um die Kugel zum Aufprallen zu bringen. Die Haubitzen sind dazu geeigneter. Ich ziehe sie den Kanonen vor. Desgleichen werden die Bombardiere ausgebildet, Bomben auf verschiedene Entfernungen an einen bestimmten Punkt zu werfen. Ich habe die Zimmerleute der Regimenter[14] dem Artilleriekorps angegliedert, damit das Geschütz in der Schlacht besser bedient wird, und vor allem, um die Zahl der Artilleristen zu vermehren, die den Bedürfnissen des Heeres keineswegs entspricht. Desgleichen werden die Kanoniere in den Festungen exerziert, damit sich jeder auf sein Handwerk versteht.

Ich habe zwei Mineurkompagnien errichtet, die alle Jahre entsprechende Übungen machen müssen. Man läßt sie gegeneinander arbeiten, damit sie lernen, den zurückgelegten Weg unter der Erde zu beurteilen und ihre Mine zur rechten Zeit springen zu lassen. In Bergen op Zoom[15] haben sich alle französischen Mineure darin getäuscht. Sie ließen ihre Minen voreilig springen, und so wurden die der Feinde nicht zerstört. Auch läßt man Minen herstellen und laden. Man unterrichtet die Mineure über die verschiedenen Wirkungen des Pulvers, über die richtige Abmessung des Pulvers und der Verdämmungen beim Minenbau, damit die Mine beim Springen den beabsichtigten Erfolg erzielt.

In allen diesen Zweigen der Kriegskunst bedarf es fort-

14. Jede Grenadier-Kompagnie hatte nach dem Reglement sechs Zimmerleute.
15. Die Festung wurde am 6. September 1747 von den Franzosen gestürmt.

währender Übung. Wird nicht jeder in Friedenszeiten für
das vorgebildet, was er während des Krieges leisten soll, so
hat man lauter Menschen, die nur den Namen eines Berufes
tragen, ihn aber nicht auszuüben wissen.

Pioniere

Mir fehlt ein Pionierkorps. Ich bin entschlossen, es zu bilden, sobald ich die Mittel dazu besitze. Ich möchte zwei
Kompagnien haben, jede zu 140 Mann, 10 Unteroffizieren
und 4 Offizieren. In dieses Korps sind Zimmerleute, Tisch-
ler, Schmiede usw. einzustellen. Es muß in Friedenszeiten
ausgebildet werden, alle Arten von Erdarbeiten herzustellen, genau der Ausbildung der anderen Soldaten entsprechend.

Festungen

Die Fürsorge des Königs-Connetable beschränkt sich nicht
bloß darauf, die Truppen in guter Ordnung zu erhalten.
Er muß sein Augenmerk auch all den großen Einrichtungen
zuwenden, die die Ruhe seiner Staaten sichern und zur
Führung eines Angriffs- oder Verteidigungskrieges notwendig sind. In erster Linie rechne ich dazu die Unterhaltung der Festungen und ihre Verproviantierung.
Die festen Plätze halten wie mächtige Nägel die Provinzen
des Herrschers zusammen. Im Kriege dienen sie als Stütz-
punkte der Armee, die in ihrer Nähe steht. Sie sind die
Kornkammern der Truppen. Ihr starker Befestigungsgürtel
schirmt die Magazine, die Kranken und Verwundeten und
die Munition der Armee. Die Grenzfestungen bilden die
vordersten Quartiere, wo große Korps sich versammeln können, um zu überwintern oder den Krieg in Feindesland zu
tragen, oder endlich, um in Sicherheit zu lagern, während
man die Vereinigung mit anderen Truppen abwartet.
Ich halte es nicht für angebracht, die Zahl der Festungen
allzu stark zu vermehren. Ihr Bau, ihre Unterhaltung und

besonders ihre Besatzung verursachen große Kosten. Der Fall, daß neue Festungen gebaut werden müßten, würde eintreten, wenn neue Provinzen durch Eroberungen zu den alten hinzukommen. Für die Anlage ihrer Verteidigungswerke könnte man sich, glaube ich, nach unseren jetzigen Festungen richten. Sie sind von großer Verschiedenheit, je nach der Natur des Geländes und nach den Zwecken, die man an den verschiedenen Orten verfolgt, sei es, daß man einen Einfall der Feinde fürchtet oder selbst in ihr Gebiet einfallen will.

Die Hauptregeln bei der Anlage von festen Plätzen sind folgende: Das Gelände, das man befestigen will, ist richtig zu benutzen durch Anlage geeigneter Werke, die von keiner Höhe beherrscht werden dürfen und sich mit ihren Flanken gegenseitig Hilfe leisten können. Es ist ein großer Fehler der Ingenieure, die Werke allzuweit in die Ebene vorzuschieben und sie so weitläufig und zahlreich zu bauen, daß zu ihrer Verteidigung eine ganze Armee nötig ist. Die große Kunst besteht darin, mit wenig Mitteln beträchtliche Wirkungen zu erzielen. Wie ein Kleid, das gut sitzen soll, sich der Figur des Bestellers genau anschmiegen muß, so müssen auch die Werke eines gut befestigten Platzes der Ausdehnung der Stadt entsprechen, die sie umgeben, und der Besatzung, die zu ihrer Verteidigung bestimmt ist. Wer dieses Verhältnis nicht beachtet, gerät in die mißliche Lage, daß er in kleinen Städten weder hinreichende Deckung für eine starke Besatzung findet, noch genügend Platz für die riesigen Proviant- und Munitionsmagazine, die eine große, mit Truppen angefüllte Festung erfordert. Durch viele starke Besatzungen wird auch das Heer geschwächt und ist dann fast außerstande, im Felde zu operieren.

Prüfen wir also, welche Verteidigungsmittel anzuwenden sind, um mit wenig Mitteln eine gute Verteidigung zu erreichen. Ich finde vor allem zwei. Beide Elemente, Wasser und Feuer, jedes an der richtigen Stelle gebraucht, legen dem Belagerer die größten Schwierigkeiten in den Weg

und schonen die Truppen des Belagerten sehr. Das Wasser
benutzt man zu Überschwemmungen und Außengräben.
Findet man ähnliche Becken wie das von Neiße, so kann
man Außengräben, Schleusen und Überschwemmungen so
anlegen, wie ich es getan habe. Bei Wassermangel muß man
seine Zuflucht zum Feuer nehmen und den gedeckten Weg,
das Glacis und die Werke gut minieren. Minen ziehen eine
Belagerung sehr in die Länge und verteidigen den Platz
besser als Festungswerke. Sie zwingen den Feind zu vor-
sichtigem Handeln, und sind sie in Höhe des Wasserspiegels
angelegt, so kann er sie unmöglich zerstören. Eine gut an-
gelegte Mine soll dreimal springen können: zunächst die
Flattermine, dann die Kammer, die zehn Fuß unter der
Erde liegt, und schließlich die eigentliche Mine, die sich oft
in einer Tiefe von 25 und mehr Fuß befindet. Oft werden
auch Haupt- und Zweigstollen gebaut, um die Galerien
dem Feinde möglichst weit entgegenzutreiben. Als Muster
für Minenanlagen können die auf dem Fort Preußen in
Neiße und alle in Schweidnitz gelten.

Die Glacis der festen Plätze an den Grenzen der Kaiserin-
Königin müssen noch besondere Verteidigungseinrichtun-
gen erhalten. Das geschieht durch bombensichere Kapon-
nieren, die man am einspringenden Winkel des gedeckten
Weges anlegt und mit je einem Unteroffizier und zwölf
Mann besetzt. Solche Anlagen zur Bestreichung des Gra-
bens bewähren sich vortrefflich bei Überfällen, die von
leichten Truppen, Panduren und Kroaten bisweilen recht
dreist versucht werden. Was die Festungswerke selbst betrifft, so glaube ich, die besten sind die doppelten gedeckten Wege, ähnlich wie in Wesel, die schmalen Enveloppen,
die Ravelins mit Grabenscheren und zurückgebogenen Flanken, die Bastionen mit zurückgebogenen Flanken, an denen
man Plätze freiläßt, von wo aus das Geschütz ungesehen
den Graben bestreichen kann. Ich muß hier eine Erfindung
nennen, die ich in Glatz habe ausführen lassen. Sie besteht
darin, daß man das Glacis nicht in geraden, sondern in ge-

brochenen Linien führt, um es vor der Längsbestreichung
zu sichern. Traversen geben niemals hinreichenden Schutz
dagegen. Ich glaube auch, daß Glatz zum Muster für Au-
ßenwerke genommen werden kann. Diese Anlagen sollen
verhindern, daß die Festung von den umliegenden Höhen
beherrscht wird. Was die Höhen um eine Stadt betrifft,
so möchte ich niemals zu ihrer Befestigung raten. Wenn sie
nicht aus Fels bestehen, ist es billiger, den Gipfel allzu naher
Berge abzutragen und Einsenkungen, die dem Gegner als
Ansatz zu Laufgräben dienen könnten, auszufüllen, als
eine Ebene bis ins Unendliche zu befestigen. Mit diesen
Mitteln kann man gute Festungen anlegen und behält doch
starke Armeen im Felde.

Womit man eine Festung ausrüsten muß

Sind die Werke vollendet, so muß die Festung mit allem
ausgerüstet werden, was zu einer Belagerung nötig ist. Liegt
sie an der Grenze, so ist sie zur Verteidigung einzurichten
und gleichzeitig mit Lebensmitteln und Munition zu versehen, um die Unternehmungen Eurer Armee gegen Eure
Feinde zu erleichtern. Was den ersten Punkt betrifft, so
können die Festungswerke als die geringste Ausgabe betrachtet werden. Alsdann sind große Kasernen zur Aufnahme zahlreicher Truppen zu errichten und mit Betten und
anderen erforderlichen Utensilien auszustatten. Auch kann
ein großes Lazarett zur sicheren Unterbringung der Kranken und Verwundeten erbaut werden. Ein Zeughaus mit
zahlreichem Geschütz ist nötig, mit Zwölf- und Vierundzwanzigpfündern für die Wälle, mit Drei- und Sechspfün-
dern für den gedeckten Weg und mit Mörsern im Verhältnis zu den Werken. Der Bau der Pulvermagazine erfordert
nicht weniger Aufmerksamkeit und Kosten. Gewöhnlich
legt man sie in die Schultern der Ravelins an die Stelle, wo
man am wenigsten einen Angriff befürchtet. Größere legt
man sogar dicht bei Flüssen an und baut die Mauern auf

der der Stadt abgewandten Seite schwächer, damit eine
etwaige Explosion der Stadt und den Befestigungen nichts
schaden kann. Sind die Werke einer Stadt mit Minen versehen, so braucht sie viel mehr Pulver als eine Festung ohne
unterirdische Verteidigungsanstalten. 8000 Zentner Pulver
sind für eine Stadt von mittlerer Größe nicht zuviel. Man
rechnet 1000 Kugeln auf das Geschütz, 500 Bomben auf jeden Mörser und einige Millionen Gewehrkugeln für das In-
fanteriefeuer. Alles in allem gerechnet, braucht der einzelne
Mann der Besatzung 1800 Schüsse. Ebenso rechnet man drei
Gewehre pro Kopf. Die Artilleriemagazine sind zu füllen
mit Schwefel, Salpeter, Lunten, Blei, Eisen, Teer, Seilen,
Hacken, Beilen, Schaufeln, Ersatzlafetten, Sattelwagen,
Sturmhaken und all den Werkzeugen, deren eine belagerte
Stadt zu ihrer Verteidigung bedarf. Zu erbauen ist ferner
ein großes Vorratsmagazin, das wenigstens soviel Mehl
enthalten muß, um die Besatzung ein Jahr lang zu ernähren.
Das sind ungefähr und in großen Zügen die Haupterfor-
dernisse für eine Festung. Handelt es sich um einen sogenannten Waffenplatz, von dem aus man einen Angriffs-
krieg unternehmen will, so müssen die Mehlmagazine beträchtlich genug sein, um den Unterhalt von 60 000 Mann
auf vier Monate zu decken. Ferner muß ein Park von Belagerungsartillerie aufgestellt werden, bestehend aus 25
Mörsern, 30 Vierundzwanzigpfündern, 20 Zwölfpfündern
und 12 Haubitzen mit doppelt soviel Kugeln, als zur Verteidigung eines Platzes gebraucht werden. Die Armee
braucht 8000 Zentner Pulver, einige Millionen fertiger und
geladener Kartuschen, 30 bis 40 Pontons mit ihren Wagen,
15 000 bis 20 000 Gewehre, Schabracken, Sättel, Pistolen,
Säbel, Zaumzeuge, Koppel, Patronentaschen usw., damit
der Platz die Armee im Felde mit allem Erforderlichen versehen kann.
Wenn diese Vorbereitungen nicht im voraus getroffen sind,
so bezahlt man im Bedarfsfall das Doppelte und bringt alles

nicht zur rechten Zeit und an dem bestimmten Orte zusammen. Der Heerführer, immerfort in seinen Unternehmungen aufgehalten, kann seine Vorteile nicht ausnutzen und wird nur einen schlechten und unglücklichen Krieg führen.

Waffen- und Geschützmagazine für die Armee

Unsere Magazine für die Feldarmee befinden sich großenteils in Berlin, Breslau, Magdeburg und Stettin. Vorhanden sind 100 Schüsse pro Mann in jeder Provinzhauptstadt für die dort in Quartier liegenden Truppen. Die Feldartillerie besteht aus zwei Dreipfündern für jedes Infanterie- und Grenadierbataillon. Sie ist auf Berlin und Breslau verteilt. Zu ihr gehört ein Park von schwerer Artillerie zur Verwendung im Felde, besonders in Schlachten, von kleinen Mörsern und einigen Haubitzen mit aller dazugehörigen Munition. 100 Kugeln pro Geschütz betrachten die Artilleristen als hinreichend für zwei Feldzüge. Ich lasse gegenwärtig an der Vermehrung dieser Munition arbeiten, um sie zu verdoppeln und so für alle Fälle gerüstet zu sein. Wir haben ferner drei Pontonbrücken, die größte in Berlin, die zweite in Magdeburg und die dritte in Neiße. Alles Blei, das in Berlin war, ist in Kugeln umgegossen. Ich habe die Festungen damit versehen und in der Hauptstadt nur so viel zurückbehalten, als für die Regimenter der Provinz und den Bedarf der Artillerie notwendig ist. Man muß sich im voraus mit Blei versorgen. Am billigsten kauft man es im Harz. Kanonenkugeln und Bomben werden bei uns nicht in genügender Menge hergestellt. Ich lasse sie aus Schweden kommen.

In Berlin ist ferner das allgemeine Magazin für die Armee. An Waffen und sonstigem Bedarf befinden sich im Zeughaus gegenwärtig 21 000 Gewehre (20 000 mehr sind nötig), Sättel für 3000 Reiter, Koppel für acht Regimenter, Patronentaschen, Wehrgehänge usw. Das ist aber nur ein schwacher Anfang des für die Armee erforderlichen Magazins, von dem ich gleich noch zu reden haben werde. Wird eine beträchtliche Truppenvermehrung geplant, so sind dafür Vorbereitungen zu treffen und im voraus für die Kavallerie wie für die Infanterie Waffen, Säbel, Wehrgehänge, Patronentaschen, Pistolen, Sättel, Zaumzeug, Steigbügel, Gebisse, Koppel aufzuspeichern. Werden solche Vorkehrungen beizeiten getroffen, so wird der Krieg, wenn man ihn führen muß, weniger kostspielig, und das Verlorene läßt sich schneller ersetzen, als wenn man sich nicht im voraus gerüstet hat.

Beschaffung der Ausrüstung, Uniformen und Pferde

Die Bekleidung der Kavallerie, Infanterie und Husaren und das Geld, das der Staat für die Remonten bezahlt, gehört zu den drei Kassen[16], deren Leitung Generalleutnant von Massow[17] hat. Die Uniform der Infanterie kostet jährlich 503 650 Taler. Für die Kavallerie[18], Dragoner und Husaren bezahlt der Staat 255 686 Taler. Daran werden 40 000 Taler gespart. Die Remonten bezahlt der Staat mit 214 258 Talern. Die vakanten Rationen bringen 88 103, also beträgt die Ersparnis 127 000 Taler. Auf diese Weise werden bei den drei Kassen jährlich gut und gern 152 000 Taler erspart. Daraus hat sich ein Fonds von 668 000 Talern gebildet, aus dem der Armee Pferde für zwei Feldzüge geliefert werden können, und ein zweiter von 100 000 Talern, mit denen die Überzähligen beritten gemacht werden. Außerdem hat die Kasse für 100 000 Taler Kriegsbedarf an das Armeemagazin geliefert. Die Komplettierung dieses Magazins wird noch 300 000 Taler kosten. Außer obiger

---

16. Die Generalkleiderkasse der Infanterie, die der Kavallerie und die Generalpferdekasse.
17. Vgl. S. 15 f.
18. Unter Kavallerie sind die Kürassiere zu verstehen; sie hießen auch in der Dienstsprache »Regimenter zu Pferde«.

Ersparnis besitzt die gesamte Infanterie eine Reserveuni-
form. Das ist keine Knauserei, sondern kluge Vorsicht, um
den letzten Taler in der Tasche zu haben und nicht die Waffen vor einem mächtigen Feinde strecken zu müssen, der
mehr Hilfsquellen besitzt und den Krieg nur in die Länge
zu ziehen braucht, nach Art von Leuten, die einen Prozeß
verschleppen, um ihren Gegner mattzusetzen und ihn zur
Aufgabe des Kampfes zu zwingen, da er ihn aus Mangel
an Mitteln zur Bestreitung der Kosten nicht fortsetzen
kann.

Das Kriegskommissariat

Das Kriegskommissariat bildet die Grundlage der Armee:
es ernährt sie. Zu dem Zweck habe ich außer den Getreide-
magazinen, die für das Land in schlechten Jahren bestimmt
sind,[19] in allen Provinzen Vorratsmagazine für das Heer
eingerichtet. Der ganze Vorrat besteht aus 53 000 Wispeln.
Mit 40 000 Wispeln kann man 100 000 Menschen 17 Monate und 3 Tage ernähren. Die Getreidemagazine sind auf
die festen Plätze und die Städte an großen Flußläufen verteilt, können also, nach welcher Seite der Krieg sich auch
wendet, mühelos dorthin geschafft werden. Zwei Drittel
dieser Magazine bestehen aus Mehl, weil es sich besser hält
als Getreide und man in Kriegszeiten nicht Mühlen genug
findet, um die erforderliche Menge für das Heer zu mahlen. Das letzte Drittel besteht aus Korn, das im Falle einer
Haferteuerung als Pferdefutter zu verwenden ist. Der
Kornvorrat wird alle drei Jahre ausgewechselt, damit er
nicht schlecht wird. Dank dieser Maßnahme werden unsere
Magazine nie durch Hitze, Mäuse und Ungeziefer verdorben.
Das Kommissariat führt die Aufsicht über die Proviant-
wagen der Regimenter. Um eine richtige Vorstellung davon
zu geben, entwerfe ich eine gedrängte Schilderung unserer

19. Vgl. S. 33 f.

Provianteinrichtungen im Kriege. Ist eine etwas längere
Unternehmung geplant, so bekommt jeder Soldat für 6 Tage Brot. Die Kompagniewagen führen Brot für weitere
6 Tage mit. Außerdem hat das Kommissariat Wagen, deren
jeder drei Tonnen Mehl befördert. Die Wagen sind auf
Königsberg, Berlin und Breslau verteilt und reichen hin,
um für 10 Tage Mehl fortzuschaffen. Es ergibt sich also:
der Soldat trägt für 6 Tage Unterhalt, die Kompagniewagen für 6 Tage und der große Fuhrpark für 10: im ganzen
22 Tage. Zur schnellen Vermehrung der Depots, die in
Feindesland angelegt werden, wo man allenthalben Getreide findet, habe ich für jede Kompagnie Handmühlen
herstellen und sie an die ganze Armee verteilen lassen. Läßt
man das Getreide dreschen und von Soldaten mahlen, so
kann man in acht Tagen einen Mehlvorrat für 15 Tage bekommen, der, mit dem Mehl des Kommissariats vermischt,
gutes Brot liefert.

Außer allen diesen Fuhrwerken führen wir bei der Armee
noch eiserne Backöfen für die Bäckerei mit. Im Feldzuge
von 1744 besaßen wir nicht genug davon: das hat mich in
große Verlegenheit gebracht. Da Erfahrung vorsichtig macht,
habe ich 48 anfertigen lassen: das genügt ungefähr für ein
Heer von 100 000 Mann. In den früheren Kriegen waren
wir gezwungen, die Kähne der Kaufleute mit Beschlag zu
belegen. Da sich aber ergab, daß der Handel dadurch zu
sehr litt, schlug man mir vor, geschlossene Kähne zum
Transport von Korn und Futter bauen zu lassen; 30 davon
sind fertig, 140 fehlen noch. Da sie aber während des Friedens verfaulen könnten, werde ich mich damit begnügen,
das nötige Zimmerholz schneiden und herrichten zu lassen
und es in einem Magazin in Küstrin zu verwahren. Im Be-
darfsfalle können die Kähne dann binnen drei Wochen
fertiggestellt werden.

Ferner führt das Kommissariat Listen über alle Provinzen
und über die Verteilung der Artillerie- und Trainpferde,
der Knechte und Trainsoldaten der Armee. Die Pferde für

die Artillerie und den Train werden vom Havelland, vom
Magdeburgischen, Halberstädtischen, dem Mindener Land
und von Pommern geliefert. Die Kavallerieregimenter stellen die Artillerieknechte aus ihren Kantons. Ebenso bezieht
jedes Regiment seine Troßknechte aus den in die Stammrolle eingetragenen Bauern seines Kantons. Desgleichen sind
die Pferde in Listen eingetragen und werden jährlich zweimal vom Landrat gemustert. Die Bagagepferde für die Offiziere bereiten die größte Schwierigkeit. Ich bezahle sie den
Offizieren. Da sie aber Mühe hätten, sie schnell zusam-
menzubekommen, so habe ich einige tausend in Mecklenburg aufkaufen lassen und sie statt des Geldes den Offizieren gegeben. Das war vorteilhafter.

Münchow[20] hat in Schlesien eine Einrichtung getroffen, die
sich in dringenden Fällen als sehr nützlich erweisen wird
und die man in den übrigen Provinzen nachahmen kann.
Sie besteht darin, daß die schlesischen Kreise ständig eine
bestimmte Menge Hafer, Stroh und Heu in Bereitschaft
halten, genug, um die Pferde einer Armee von 60 000 Mann
vier Wochen lang zu ernähren.

Servis und Quartier in Friedenszeiten

Die Servisumlage der Städte[21] besteht in einer bestimmten
Geldsumme, die die Bürgerschaft an die Garnison zahlt.
Dafür sucht diese sich ihr Unterkommen und vergütet es
den Bürgern. Die ganze Armee hat zehn Monate im Jahre
viele Urlauber, damit der Kapitän von dem Gelde, das er
dabei gewinnt, schöne Leute im Ausland anwerben kann,
um seine Kompagnie zu heben und zu rekrutieren. Wegen
dieser Urlauber zahlen die Städte nur für eine bestimmte
Zahl von Soldaten. Das heißt, die großen oder die Hauptstädte der Provinzen entrichten das Servis nur für 90 Mann,

20. Graf Ludwig Wilhelm Münchow, 1742–1753 Provinzialminister für
Schlesien.
21. Vgl. S. 35 f.

für die Unteroffiziere und Offiziere, und nur während der
beiden Exerziermonate[22] für die volle Truppenstärke.
Die Unterbringung des Soldaten und seine Verpflegung
in Friedenszeiten erfordert gute Einrichtungen. Für seinen
Unterhalt muß folgendes verlangt werden. Während der
zehn Monate, wo die Urlauber nicht da sind, muß er in
guten Betten schlafen. Es dürfen nicht mehr als vier Mann
in einem Zimmer liegen. Keiner darf im Keller oder unter
dem Dach, in schmutzigen und ungesunden Löchern ein-
quartiert werden. Jeder Soldat hat drei wachfreie Nächte.
Er wirtschaftet selber und gibt am Löhnungstage fünf
Groschen von seiner Löhnung an den Kameraden ab, der
die Wirtschaft führt und ihn ernährt. Der Soldat kocht am
Herde des Bürgers, bei dem er wohnt. Durch diese Einrichtung erhält man den Soldaten gesund, kräftig und sauber.
Die Sorge für die Wirtschaft verhindert ihn, liederlich zu
leben. Er ist seiner Mahlzeit sicher, kann sich nicht alle Tage in Branntwein betrinken, macht Bekanntschaften in der
Kompagnie und freundet sich mit seinen Kameraden an.
Auch wird er seltener krank; vor allem aber unterscheidet
sich die Art seines Unterhalts in Friedenszeiten kaum von
der im Kriege; denn er ist gewohnt, selbst zu kochen und
seinen Haushalt zu besorgen.
Unsere ganze Infanterie steht in den Städten.[23] Es liegt sehr
im Interesse der Ordnung und Mannszucht, daß die Regimenter an ein und demselben Orte in Garnison sind. Dann
kann man die Soldaten, die sich gegen ihre Wirte ungehörig
betragen, streng bestrafen. Der Bürger hat keinerlei Anlaß
zur Klage über den Soldaten noch der Soldat Anlaß zur
Klage über den Bürger. Ebenso steht die Kavallerie in den
Städten,[24] aber nur wenige Regimenter liegen in einer Garnison zusammen. Die Regimenter Gensdarmes, Budden-
brock, fünf Eskadrons von Schorlemer und fünf von Zieten

22. Vgl. S. 119.
23. Seit 1684.
24. Seit 1718.

genießen diesen Vorteil. Die übrigen sind alle mehr oder minder auf die kleinen Städte verteilt. Durchaus zusammengelegt werden müßten die Quartiere der Regimenter Markgraf Friedrich, Prinz von Preußen, Bredow und der Carabiniers. Die Schwierigkeiten, die sich in den Weg stellen, sind Mangel an Futter und an genügenden Stallungen. Die Kavallerie darf für gewöhnlich sechs Wochen lang 20 Pferde jeder Eskadron auf Weide schicken. Man muß sich jedoch wohl hüten, ihr in diesem Punkte den Zügel zu locker zu lassen.

Ich habe noch nicht von den Kasernen gesprochen. Sie sind gut in bestimmten Fällen und wenn man es nicht übertreibt. Gut ist es z. B. in großen Städten zur Erleichterung der Bürgerschaft, alle verheirateten Soldaten in Kasernen unterzubringen. Daher beabsichtige ich, in Berlin für jedes Regiment eine Kaserne erbauen zu lassen, die 100 Mann beherbergen kann. Übrigens verlieren die Regimenter, wenn sie die unverheirateten Soldaten in Kasernen legen. Notwendig aber werden die Kasernen in Grenzfestungen, in denen im Kriege eine beträchtliche Truppenmacht versammelt werden muß. Dann bewahrheitet sich das Sprichwort: Not kennt kein Gebot.

Alles oben Gesagte über die Wirtschaft und die Verpflegung des Infanteristen gilt ebenso für die Kavallerie.

Notwendigkeit dieser Fürsorge

Das ist ungefähr alle Fürsorge, die das Militär in Friedenszeiten erheischt. Wenn Europa sich bei meinem Tode in Ruhe befindet, wird sich das alles leicht in dem jetzigen Gang erhalten lassen, den es durch die Gewohnheit einiger Jahre bereits angenommen hat. Der Augenblick aber, wo ein Herrscher am meisten zu tun hat, ist die Zeit nach Beendigung eines Krieges. Er allein kann dann durch sein Beispiel und durch seinen Fleiß die Truppen und alle Geschäfte in den alten Zug bringen, zumal die Einzelheiten bei sehr viel Offizieren in Vergessenheit geraten sind oder von anderen als überflüssig betrachtet werden. Dann muß der König-Connetable dafür sorgen, daß bei seinen Truppen die alte Mannszucht zurückkehrt. Er muß sie exerzieren und manövrieren lassen, muß die Offiziere, die sich vernachlässigen, bestrafen und mit seiner ganzen Herrscherautorität auf pünktliche Pflichterfüllung dringen. Er muß darauf bedacht sein, seine Kavallerie wieder gut beritten zu machen, die Feld- und Belagerungsartillerie zu ergänzen, die Ordnung in den Kassen herzustellen, die Wirtschaft und die Quartiere der Regimenter gut zu regeln, den Fuhrpark des Kommissariats zu erneuern, die Festungen instand zu setzen und zu verproviantieren oder neue zu bauen, soviel Geld als nur möglich auf gesetzmäßigem Wege in den Schatz zu legen und alles, was die Armee betrifft, auf den alten Fuß vor dem Kriege zu bringen. Ebenso muß er sich nach dem Kriege bemühen, den Charakter der im Felde beförderten Stabsoffiziere kennenzulernen, damit er im Falle eines neuen Krieges weiß, wozu er sie verwenden kann. Ohne dieses Menschenstudium wird der Herrscher, der seine Armee selbst befehligt, entweder seine Generale um Rat fragen müssen, so oft er eine Wahl zu treffen hat, oder leicht einen Fehlgriff tun. Der erste Fall ist bedenklich, da die Generale menschlichen Leidenschaften unterworfen sind. Im zweiten Fall überläßt er sich dem Zufall. Der Herrscher muß also alles daransetzen, die Begabung der Offiziere kennenzulernen, damit er ihnen nur solche Aufträge erteilt, zu deren Ausführung sie befähigt und imstande sind.

Der Generalstab der Armee

Will der Herrscher seine Armee selbst kommandieren, so muß er einen Generalstab bei sich haben. Der meine umfaßt gegenwärtig ungefähr folgende Personen: einen Generalquartiermeister, einen Quartiermeisterleutnant, fünf Ingenieure oder Zeichner (das genügt für eine Armee, aber je nach der Truppenzahl ist das Doppelte oder Dreifache nötig), ferner vier Kapitäne, die den Dienst von Brigademajors versehen, einen Adjutanten, der die Einzelheiten in der Armee unter sich hat, einige Generale und Obersten für besondere Kommandos, einige Oberstleutnants und Majors, die in Kriegszeiten die Grenadierbataillone[25] führen sollen, und einige Flügeladjutanten. Ich stelle sie außerhalb der Armee; denn nähme ich sie während des Feldzugs aus den Regimentern, so würden ihre Kompagnien und der Regimentsdienst darunter leiden. Die Kapitäne haben für Herstellung von Wegen zu sorgen, die Bagage zu beaufsichtigen, damit sie in Ordnung marschiert, auch Transporte zu führen. Außerdem steht Oberst Retzow an der Spitze des Kommissariats[26], unter ihm vier Offiziere, die das Detail dieses Dienstzweiges besorgen. Alle werden im Frieden stets zur selben Arbeit gebraucht, lernen also ihren Beruf gründlich kennen und verstehen sich im Kriege darauf.

Zukunftsphantasien[27]

Hier eine große Frage: soll man an unsere militärische Ausbildung rühren, sie verbessern oder etwas hinzufügen, oder soll man sie lassen, wie sie ist? Darauf antworte ich, daß ich im Frieden nichts daran geändert zu sehen wünsche, außer wenn die Erfahrungen eines neuen Krieges Neuerungen nahelegen. In diesem Fall täte man wohl gut, der Erfahrung zu folgen und das Bessere einzuführen.

Wenn man in der Lage ist, das Heer zu vermehren, worin sollen dann die neuen Aushebungen bestehen? Das kommt auf das Land an, das Ihr erobert habt. In Sachsen[28] könnt

---

25. Jedes Infanterieregiment hatte zwei Grenadierkompagnien; aus ihnen wurden bei Kriegsausbruch selbständige Bataillone gebildet.
26. Vgl. S. 129.
27. Hier knüpft der König an den Abschnitt ›Politische Träumereien‹ (S. 80) an.
28. Vgl. S. 82 ff.

Ihr 40 Bataillone und 40 Schwadronen unterhalten, in Polnisch-Preußen[29] zwei bis drei Husarenregimenter errichten,
in Mecklenburg[30] 10 Bataillone und 10 Schwadronen Dragoner. In Sachsen schlage ich mehr Infanterie als Kavallerie
vor, weil Ihr gezwungen sein werdet, dort Festungen anzulegen und sie zu besetzen, auch wegen der Nähe der
böhmischen Berge, wo Infanterie in Kriegszeiten nützlicher
ist als Reiterei. In Polnisch-Preußen schlage ich viele Husaren vor, weil das Volk sich mehr zum Dienst zu Pferde
als zu Fuß eignet und weil man gegen Russen und Polen
Reiterei mit mehr Vorteil verwendet als Fußvolk, leichte
Truppen besser als schwerbewaffnete. In Mecklenburg bin
ich für Infanterie und Dragoner, da diese Truppen unsere
Armee verstärken sollen und dort kein Krieg zu befürchten steht, sobald man erst im ruhigen Besitz des Landes
ist.

Angesichts der mächtigen Nachbarn Preußens wäre zu
wünschen, daß die Armee auf folgenden Fuß gebracht
würde: 180 Bataillone Infanterie und Grenadiere, je 100
Schwadronen Kürassiere, Dragoner und Husaren, 4 Bataillone Feldartillerie, 4 Bataillone Festungsartillerie, 6
Kompagnien Mineure, 4 Kompagnien Pioniere, 200 Inge-
nieuroffiziere; Generalstab, Kommissariat und das übrige
im Verhältnis dazu. Mit einer so zahlreichen Armee könnte
der Staat nach allen Seiten Front machen und sich gegen
seine Feinde mit Überlegenheit behaupten.

Ich für meinen Teil habe mit allen Kräften zur Vermehrung des Heeres und zur Stärkung des Staates beigetragen.
Ich glaube, daß meine Zeit vorüber ist, und hinterlasse diese Projekte der Nachwelt, damit sie nicht denkt, in Preußen sei schon alles geschehen, und damit sie sieht, daß die
bestehenden Einrichtungen in allen Zweigen der Staatsverwaltung nichts im Vergleich zu dem sind, was noch zu tun
bleibt.

29. Vgl. S. 86 f.
30. Vgl. S. 81 f.

Was die Kraft und die Stärke des Heeres betrifft, werdet Ihr mir zweifellos einwenden, daß ich immer nur von der Landmacht spreche, von der Seemacht aber schweige. Ich muß Euch in diesem Punkt zufriedenstellen und den Gegenstand nach Gebühr erörtern. Bis jetzt sind die Einkünfte des Staates kaum ausreichend, die Armee zu bezahlen und so viel Geld zurückzulegen, wie nötig ist, um sie ins Feld rücken zu lassen. Es würde jetzt ein großer politischer Fehler sein, wenn man daran denken wollte, unsere Kräfte zu zersplittern. Die Österreicher sind unsere wahren Feinde, sie haben nur Landtruppen, und an sie müssen wir bei allen unseren militärischen Maßnahmen denken. Rußland hat zwar eine Flotte und eine große Anzahl von Galeeren. Aber die ostpreußischen Küsten sind zu Landungen für sie nicht geeignet. Ihre Flotte kann uns also nichts weiter antun, als daß sie in dem neutralen Hafen von Danzig landet und dort Truppen ausschifft, um dem Korps in Ostpreußen die rückwärtige Verbindung nach Pommern abzuschneiden.[31]
Besäßen wir Polnisch-Preußen und besonders Danzig, so wäre die Sachlage eine ganz andere. Dann würde ich raten, an die dreißig Galeeren und einige Fähren mit ansehnlichen Batterien zu halten wie die Schweden, die damit zwischen ihren Inseln gleichsam ein Bollwerk bilden und die Galeeren auf der Reede verteidigen. Man könnte außerdem 8 bis 10 Fregatten halten, um die Galeeren dahin zu begleiten, wo man sie braucht. Aber ich würde nicht raten, Linienschiffe zu bauen, weil man sie in der Ostsee nicht brauchen kann und die Baukosten unermeßlich sind. Und wozu könnte man sie verwenden? Etwa zum Kriege gegen Rußland? Was kann man in diesen öden und barbarischen Gebieten der Zarin gewinnen? Sie für uns erobern wäre Torheit; sie für andere erobern, wäre recht unnütz, und wenn es geschehen sollte, so müßten die, die den Gewinn aus unseren Eroberungen zielen wollen, ihre Schiffe und ihre Flotte da-

31. Vgl. S. 86.

zu leihen. Ich glaube also, wir müssen unsere Seemacht im
Falle eines Gebietszuwachses auf das beschränken, was unsere eigene Verteidigung erheischt.

Es gibt andere, notwendigere Einrichtungen, die bei uns
zum Vorteil der Armee getroffen werden müssen. Sie bestehen in der Ermunterung der Salpetermanufakturen, in
der Vermehrung der Pulverfabriken, damit sie jährlich
10 000 Zentner liefern können, in der Vermehrung der
Bomben- und Kugelgießereien, in der Hebung der Waffen-
fabrik, deren Leistung so erhöht werden muß, daß sie jährlich 20 000 Gewehre, 10 000 Degen und 4000 Säbel herzustellen vermag.

Nachdem ich in diesem politischen Testament von allen
Zweigen der Staatsverwaltung gesprochen habe, schließe
ich es mit einigen Gedanken über die Erziehung des Thronfolgers, damit er nach seiner Thronbesteigung all diese verschiedenen Geschäfte bewältigen kann.

Erziehung des Thronfolgers[1]

Angesichts der schlechten Erfolge der durchschnittlichen Erziehung der Prinzen souveräner Häuser habe ich mich oft gefragt, welche Wege einzuschlagen seien zur Heranbildung eines Mannes, der würdig ist, anderen zu gebieten. Der Grund für die schlechte Erziehung, die die Söhne der Könige erhalten, liegt jedenfalls in dem Ehrgeiz der Minister und in der Selbstsucht der Geistlichen. Die finden ihre Rechnung dabei, wenn sie die Prinzen in Furcht und Abhängigkeit aufwachsen lassen. Eifersüchtig auf ihr Ansehen und ihre Macht, möchten die Minister den Herrschern nur die äußere Repräsentation lassen. Sie selbst wollen despotisch regieren, aber ihr Herr soll sich mit der leeren Prärogative begnügen, ihre Befehle in seinem Namen zu erlassen. Um den Prinzen von klein auf an das Joch zu gewöhnen, das sie ihm zudenken, erziehen sie ihn unter dem Gepränge der Größe und Majestät und schließen ihn von der Gesellschaft unter dem Vorwande ab, daß sein hoher Rang ihm nicht gestatte, sich zum Niveau der Sterblichen herabzulassen. Sie flößen ihm eine so törichte hohe Meinung von seiner erlauchten Geburt ein, daß er sich wie ein göttliches Wesen vorkommt, dessen Wünsche Gesetze sind und das wie die Götter Epikurs in ewiger Untätigkeit dahinleben soll. Sie bringen ihm die Meinung bei, daß es seiner unwürdig sei, sich mit Einzelheiten abzugeben. Er brauche nur zu sagen, es werde Licht, und es wird Licht. Seinen Bedienten komme es zu zu arbeiten, er aber habe in glücklichem Nichtstun die Frucht ihrer Mühen zu genießen. Zu allen diesen Chimären von seiner Herrlichkeit gesellt sich der Zwang der Etikette. Seine Schritte werden mit dem Zirkel des Zeremoniells

1. Vgl. hierzu die Instruktionen vom 24. September 1751 für Major Graf Borcke und für Behnisch vom 26. Juli 1773 für die Erziehung der späteren Könige Friedrich Wilhelm II. und III. (Ges. Werke, Bd. 7, S. 204 ff. und 208 f.).

abgemessen. Seine Äußerungen und Unterhaltungen sind
von seinem Gouverneur diktiert. Seine Begrüßungen richten sich sklavisch nach dem Titel derer, die er empfängt.
Seine Vergnügungen sind im Etikettenbuch verzeichnet,
nebst Tag und Stunde, wo er sie genießen darf. Sein Gouverneur flößt ihm großes Mißtrauen gegen sich selbst ein.
Er wagt nicht das kleinste zu unternehmen, ohne um Rat
zu fragen und Erlaubnis einzuholen. Schließlich macht diese
fortgesetzte Gewohnheit den Zögling verlegen gegenüber
der Welt, die er nicht kennt, mißtrauisch gegen seine eigenen
Kräfte, scheu und furchtsam. Er wird träge, die Geschäfte
langweilen ihn, und statt ein Herr zu werden, wird er ein
Sklave.

Die Geistlichen ihrerseits trachten, ihn abergläubisch und
bigott zu machen. Sie suchen ihn zu einem Wesen heranzubilden, das den Gründern der Mönchsorden gleicht. Seine
geringfügigsten Handlungen rechnen sie ihm zum Verbrechen an, damit sein geängstigtes Gewissen in steter Furcht
vor der ewigen Höllenqual schwebe und sich desto williger
von ihnen beherrschen lasse. Sie prägen ihm tiefe Verehrung
für das Priestertum ein, heiligen Abscheu gegen jede andere
Religion als die seiner geistlichen Erzieher. Kurz, indem sie
ihm geschickt den Teufel an die Wand malen, gelingt es den
Priestern, ihn nach ihrem Gutdünken zu beherrschen.

Zu den ehrgeizigen und selbstsüchtigen Plänen der Minister
und Geistlichen treten die guten Absichten seiner Eltern, die
ihn vollends verderben. Sie wollen ihren Sohn zum Muster-
bild machen. Die guten Leute begreifen nicht, daß er ein
Trottel wäre, wenn er keine Leidenschaften hätte. Trotzdem wünschen sie sehnlichst, daß er leidenschaftslos sei. Sie
wollen ihn zum Gelehrten erziehen und pfropfen ihm
wahllos Gelehrsamkeit in den Kopf. Damit verleiden sie
ihm die Wissenschaften für immer oder machen ihn zum
vollständigen Pedanten. Um seine Sitten zu bessern, unterdrücken sie tyrannisch seine kleinsten Wünsche. Sie verlangen, daß er mit fünfzehn Jahren die Geistesbildung und

die Reife des Urteils besitze, die die Franzosen nicht vor
dem vierzigsten Jahre erlangen. Ja, er soll sich sogar in
dem Augenblick verlieben, wo sein Vater es wünscht, in die
Person, die er ausgewählt hat, und gegen die übrigen Frauen
so kühl bleiben wie Priamos gegen die schöne Helena. Die
Folge solcher weisen Erziehung ist, daß der Prinz nach dieser Bevormundung ein ganz gewöhnlicher Mensch wird
und nach seines Vaters Tode als Herrscher unter der Last
der Regierung erliegt.

Dergleichen habe ich während meines Lebens oft gesehen.
Ja, mit Ausnahme der Königin von Ungarn und des Königs
von Sardinien[2], deren Geist über ihre schlechte Erziehung
triumphiert hat, sind alle Fürsten Europas nur erlauchte
Trottel.

Prüfen wir nun, auf welche Weise man einen Staatsmann
heranbilden muß, der alle Pflichten der Regierung zu erfüllen vermag. Ich nehme an, daß es sich um einen Knaben
handelt, der gute geistige Anlagen besitzt und kein unaus-
rottbares Laster auf die Welt gebracht hat. Ihm muß ein
Gouverneur mit festem und mildem Charakter ausgesucht
werden, der den vorgeschriebenen Erziehungsplan genau
befolgt. Die gleiche Aufmerksamkeit ist der Wahl der Bedienten zu widmen, die zu seinem persönlichen Dienste bestimmt sind, damit er in seiner Jugend nur die Eindrücke
in sich aufnimmt, die er empfangen soll. Vom sechsten bis
zum zwölften Jahre muß er lesen, schreiben, rechnen lernen,
einen kurzen Überblick über die alte Geschichte bekommen,
Geographie und die moderne Geschichte von Karl V. bis
auf unsere Tage gut kennenlernen. Der Unterricht in Geographie und Geschichte darf nicht trocken und geisttötend
sein. Indem man das Gedächtnis eines Kindes anfüllt, muß
man gleichzeitig zu seinem Verstande sprechen. Eine pe-
dantische Lehrmethode läßt nur Tatsachen in seinem Gedächtnis zurück. Beim geographischen Unterricht kann er

2. Karl Emanuel III. (vgl. S. 96).

gleichzeitig über die Interessen der Fürsten belehrt werden,
über die Verschiedenheit der Regierungsformen, über die
Hauptzweige des Handels, den jedes Volk treibt, über seine
Erzeugnisse. Auch eine Beschreibung der Hauptstädte kann
gegeben werden. Beim Geschichtsunterricht kann man ihm
edlen Wetteifer einflößen, es großen Männern gleichzutun,
und Abscheu gegen das Andenken der Fürsten, die in Trägheit versunken sind oder sich mit Verbrechen befleckt haben. Sind solche Betrachtungen kurz und dem kindlichen
Verständnis angepaßt, so schlagen sie tiefe Wurzeln und
zeitigen Früchte.

Da das Heerwesen die Grundlage Preußens bildet, so muß
unumgänglich die Liebe zum Waffenberuf in dem Knaben
erweckt werden. Auf sehr verschiedene Weise ist dies zu
erreichen. Man muß es ihm in Gestalt von Spiel und Vergnügen beibringen und vom Militär nur mit jener heiligen
Ehrfurcht sprechen, mit der die Priester von ihrer geheim-
nisvollen Offenbarung reden. Er soll nur mit seinen Lehrern und mit Offizieren verkehren und bisweilen Dienst
tun. Dann ersetzt die Gewohnheit die natürliche Neigung,
falls er nicht das lebendige Verlangen, den Drang spürt, der
die vom Genius Erfüllten zur Ergreifung des Berufes treibt,
für den ihnen die Natur ein ausgesprochenes Talent geschenkt hat.

Nichts ist wahrer als das italienische Sprichwort: die Fehler der Väter sind für die Kinder verloren. Jeder, der zur
Welt kommt, scheint seinen kleinen Tribut an Torheiten
bezahlen zu müssen. Daher ist es besser, der Knabe zahlt
seinen Tribut und wird dafür bestraft, bevor er den Thron
besteigt, als daß er auf Torheiten verfiele, während er seinem Volke das Beispiel der Weisheit geben soll. Deshalb
wünschte ich, daß man dem Knaben die Freiheit ließe,
alles zu tun, was er will, daß sein Gouverneur ihm nicht
überall nachfolgte, aber seine Streiche tadelte oder streng
bestrafte. Dann würde er Selbstbeherrschung lernen und
aus Furcht vor den ihm drohenden Demütigungen auf ei-

gene Kosten klug werden. Neigt er zum Jähzorn, so ist durch häufige Bestrafung dahin zu wirken, daß er Herr seiner ersten oder wenigstens seiner zweiten Wallung wird. Neigt er zu Verschwendung, so ist das ins Lächerliche zu ziehen, und er ist mit Vernunftgründen zur Sparsamkeit anzuleiten. Liebt er Jagd, Musik, Tanz, Spiel usw., so möchte ich ihm diese Leidenschaften, einerlei, um welche es sich handelt, nicht verwehren, sondern ihn so viel davon kosten lassen, daß er sie selbst satt bekommt. Dann behält er das Vergnügen daran, und nur die Leidenschaft vergeht. Die Hauptsorge seiner Umgebung muß darin bestehen, sein Herz zu bilden. Er sei dankbar für geleistete Dienste, zärtlich gegen seine Freunde, voller Mitleid gegenüber dem menschlichen Elend, erfüllt von seelischem Schwung, von Edelmut, Hochherzigkeit und dem rühmlichen Ehrgeiz, der die edlen Geister treibt, ihresgleichen an Tugend zu überbieten. Vor allem aber wünschte ich, daß er menschenfreundlich, mild, der Gnade zugänglich und tolerant würde.

Von Religion spreche ich nicht. Das Gesagte genügt für seinen Religionsunterricht. Trotzdem muß er sich zur reformierten Konfession bekennen, die der Glaube seiner Väter ist, und soviel von Theologie verstehen, um den katholischen Kult für den lächerlichsten von allen zu halten.

Hat der Knabe sein dreizehntes Jahr erreicht, so ist sein Studienkreis zu erweitern, und der Unterricht in Moral, Physik, Metaphysik, in den Elementen der Mathematik und besonders in der Befestigungslehre ist hinzuzufügen. Ich rede nicht von den Lehrern, die er für die Ausbildung des Körpers erhalten muß. Es versteht sich von selbst, daß er tanzen, fechten und reiten lernt. Es wäre gut, ihn die ganze militärische Stufenleiter durchlaufen zu lassen. Dann lernt er durch eigene Erfahrung, was der Dienst von einem jeden verlangt, und kann in vorgerücktem Alter alle in der Jugend erworbenen Detailkenntnisse nützlich verwerten.

Auf diese Weise wird der junge Prinz wie ein Privatmann, ohne Eitelkeit, ohne Prunk erzogen. Da er von klein auf an den Verkehr mit Offizieren gewöhnt ist, die nach seiner Thronbesteigung seine Generale werden, so nimmt er das Gefühl für Ehre und Redlichkeit, das besonders dem Waffenhandwerk eigen ist, durch seinen Umgang in sich auf. Für seine Ausgaben kann ihm eine mäßige Summe angewiesen werden, über die er selbst Buch führt. Er ist anzuhalten, Rechnung zu legen, in geregelten Verhältnissen zu leben und in allem, was er tut, Ordnung zu halten. Die Menschen handeln im kleinen fast immer so, wie sie im großen handeln würden, wenn sie ihre eigenen Herren wären: Trajan war der gleiche als Bürger wie als Kaiser. Vitellius, der Genosse Neros in seinen Ausschweifungen, war auch der liederlichste Mensch auf dem Thron der Cäsaren. Aus diesen Gründen ist es notwendig, den jungen Prinzen in den Einzelheiten seiner Wirtschaft und seiner Haushaltung, seines Privatlebens und seiner Beschäftigung an den Fleiß und die Tugenden zu gewöhnen, die man von ihm erwartet, wenn er den Staat regieren soll. Die Gewohnheit besitzt Herrschermacht über die Menschen. Sie kann sie ebenso zum Guten wie zum Schlechten führen. Eines der Hauptverdienste richtiger Erziehung besteht darin, die Kinder an ihre Pflichten zu gewöhnen. Damit läßt sich der Mangel natürlicher Talente ersetzen – und was liegt den Völkern im Grunde daran, ob der Herrscher aus Gewohnheit oder aus guter natürlicher Anlage tüchtig regiert, wenn er nur seine Pflichten erfüllt?

Der Prinz muß das Französische beherrschen und sich so ausdrücken, wie man in der guten Gesellschaft spricht. Wünscht man, daß er Sprachen lerne, so ist Lateinisch und Polnisch für ihn wohl am nötigsten. Aber meiner Ansicht nach darf er mit diesem Studium nicht allzusehr ermüdet werden.

Nicht minder gut ist es, wenn er zur Aufmerksamkeit und Höflichkeit erzogen wird, zumal der Mangel an Höflichkeit den Fürsten mehr Feinde macht als der wirkliche Schaden, den sie stiften.

Je mehr der Prinz heranwächst, desto größere Freiheit muß er erhalten, damit er im Umgang mit aller Welt die Menschen kennenlernt und sie über die Staatsbeamten reden und urteilen hört. Nur auf eins ist zu achten: man muß verhindern, daß er viel in schlechter Gesellschaft verkehrt und sich mit anrüchigen Leuten von befleckten Ruf und allzu liederlichen Sitten einläßt. Bei allen jungen Leuten treten die Leidenschaften heftig auf, und sie neigen zur Ausschweifung. Man muß Nachsicht mit ihnen üben und gewissermaßen Mitleid mit der Heftigkeit der sie beherrschenden Leidenschaften haben. Ich denke in diesem Punkt wie Cato. Wenn er einen jungen Patrizier aus einem Freudenhaus kommen sah, pflegte er zu sagen, er danke den Göttern, daß er nicht die Frau seines Mitbürgers entehre. Hätte ich einen Sohn, ich verziehe ihm hundert derartige Streiche leichter, als wenn er sein Herz dauernd an ein und dieselbe Person hinge. Diese Art Leidenschaften sind weit gefährlicher, weil sie die Herzen, die sie bezwingen, zu ihren Sklaven machen. Alle Fehler Heinrichs IV. kamen nur von seiner außerordentlichen Schwäche gegen seine Geliebten. Alle Leidenschaften, bei denen es sich nur um Ausschweifung handelt, vergehen mit der verlöschenden Sinnenlust. Ist aber das Gemüt dabei beteiligt, so bleiben sie auch dann noch in der Seele zurück, wenn der Körper versagt.

Mit zwanzig Jahren soll der Prinz vollständig aus der Vormundschaft entlassen werden. Es ist dann anzunehmen, daß er mit Strenge erzogen, oft wegen seiner Fehler getadelt und bestraft, wegen seines Stolzes gedemütigt, wegen seiner Indiskretionen bloßgestellt, wegen seiner Spöttereien verspottet, wegen seiner Schroffheiten gestraft, wegen seines mangelnden Fleißes gerügt ist, und vor allem, daß seine sämtlichen Fehler gebessert sind. Ist er ins mannbare Alter gekommen, so müssen ihm klare Vorstellungen gegeben

werden: von der Form der Regierung, der Verfassung des
Landes, von den allgemeinen Interessen des Staates, der
Kriegskunst und besonders von den Pflichten eines Heer-
führers, von der europäischen Politik, der Kunst der Diplomaten, von der Einrichtung der Finanzen, der Manufakturen, des Handels, von der öffentlichen Ordnung und den
Gesetzen, die die Grundlage der Rechtspflege bilden. Alles
ist gewonnen, wenn man ihm Geschmack an der Lektüre
beibringt. Man lernt nie so gut von Lehrern als durch eigenes Studium, und die Unterhaltung mit den Toten, die
man nicht der Selbstsucht beschuldigen kann, macht tieferen
Eindruck als die mit unseren Zeitgenossen. An der Lektüre
guter Bücher über Politik, Philosophie, Geschichte, Kriegskunst und Literatur kann ein Prinz sich bilden und Kenntnisse erwerben, die für ihn notwendig sind. Besonders aus
der Geschichte kann er im voraus erfahren, wie die Nachwelt eines Tages über ihn urteilen wird.
Hat er die niederen Grade der militärischen Stufenleiter
durchlaufen, so erhält er ein Regiment, für das er wie ein
Berufsoffizier die Verantwortung tragen muß. Alles muß
er selber tun und sich um das geringste Detail kümmern.
Darauf soll der Prinz mit dem Herrscher alle Provinzen
des preußischen Staates bereisen, um alle verschiedenen
Landesteile, die Festungen, Truppen, Offiziere, die Finanz-
und Justizbeamten und den Adel kennenzulernen. Sonst
regiert er dereinst als Unbekannter über Unbekannte.
Ohne sehr triftige Gründe scheint es mir verkehrt, einen
Prinzen zu jung zu vermählen. Zum mindesten muß er die
ersten Jugendstreiche hinter sich haben und imstande sein,
sich vernünftig zu betragen. Die üblen Folgen verfrühter
Heiraten sind diese: Die Fürsten werden sehr schnell ihrer
Gemahlinnen überdrüssig. Wenn sie Thronerben haben,
erreichen diese das Mannesalter, während der Vater noch
jung ist, und werden der langen Thronfolgerschaft oft
müde. Wahrlich, es muß alles zu seiner Zeit geschehen!
Wenn ein Prinz im Alter von fünf- bis sechsundzwanzig

Jahren heiratet, ist es weder zu früh noch zu spät. Vermählt man ihn aber, während eben der erste Flaum sein Kinn schmückt, so kann es nur eine schlechte Ehe geben.

Ich möchte nicht dazu raten, den präsumptiven Thronerben ins Ausland reisen zu lassen. Seine Untertanen wünschen, daß er die Sitten und Gebräuche seines Landes annehme und nicht fremde Gewohnheiten. Und in politischer Hinsicht steht es fest, daß alle Welt danach trachtet, den Erben einer Krone kennenzulernen. Man würde im Ausland also alles aufbieten, um ihn für sich zu gewinnen und ihm Vorurteile zugunsten dieser oder jener Nation einzuflößen. Schmeichler würden seinen Charakter, ja selbst seine Sitten verderben, womöglich auf Weisung ihrer eigenen Herrscher. Nur allzu früh würde der Charakter des künftigen Herrschers bekannt werden, und die anderen Höfe hätten die Möglichkeit, seine Schwächen auszunutzen, sobald er den Thron besteigt, oder ihm wenigstens allerlei Vorurteile beizubringen, die späterhin dem Staatswohl schaden könnten. Aber die verderblichste Folge seiner Reise wäre die, daß der Prinz Geschmack an Verschwendung gewönne und, sobald er König wird, darauf verfiele, den großen Herrn zu spielen und über seine Verhältnisse zu leben.

Ihr seht, daß die von mir vorgeschlagene Erziehung nicht den Zweck verfolgt, einen Theaterkönig heranzubilden, sondern einen König von Preußen, der sich nach seiner eigenen Einsicht zu richten vermag, der auf eigene Kosten klug und verständig geworden und geistig reif ist, wenn er zum Throne gelangt. Aus diesen Gründen rate ich, ihn wie einen Privatmann zu erziehen, der sich sein Glück selber schmieden muß, und ihn fern von Hoheit und Prunk aufwachsen zu lassen, damit er nicht die dreiste Anmaßung und den unerträglichen Hochmut besitze, den die Söhne der kleinen deutschen Fürsten haben. Aus denselben Gründen verlange ich, daß er an ein arbeitsames, tätiges und einfaches Leben gewöhnt und daß der Same der Tugenden, den die Natur in ihn gelegt hat, in ihm großgezogen werde.

Indessen bin ich weit entfernt zu behaupten, daß ein Prinz bei solcher Erziehung nicht irgendwelche Fehler habe. Er muß nur, wie Heinrich IV. sagte, genug hervorragende Eigenschaften besitzen, um ein kleines Laster zu verdecken. Sind die nicht die vollkommensten Menschen, die am wenigsten Unvollkommenheiten besitzen?

Ich wage zu behaupten, man wird nur einen mittelmäßigen Prinzen aus dem präsumptiven Thronfolger machen, wenn man den von mir vorgeschlagenen Erziehungsplan nicht befolgt. Will man ihn in der Art von Königssöhnen erziehen, so wird der Prinz nur ein erlauchter Müßiggänger sein, ein Götzenbild, dem die Öffentlichkeit Weihrauch streut. Er wird sich aus Langeweile einem verschwenderischen Leben ergeben, angeekelt die Geschäfte fliehen, weder sein Volk noch die Menschen kennenlernen und sich selber nicht kennen, aber alle Leidenschaften besitzen, außer denen, die den Herrschern anstehen. Solcherart gibt es viele auf der Welt, die für rechtschaffene Leute und Mitglieder der guten Gesellschaft gelten. Was aber bei einem Privatmann nur ein Fehler ist, wird bei einem König zum Laster.

Es erschien mir ratsam, diesem politischen Testament eine Abhandlung über die Kriegskunst[3] anzuschließen, die sich mit der Taktik und den Evolutionen der preußischen Truppen befaßt. Ich habe sie vor vier Jahren verfaßt, aber aus Furcht vor Mißbrauch keinem Menschen in die Hand gegeben. So füge ich sie denn dem heute vollendeten Testament bei, um hier alles zusammenzufassen, was die Regierung Preußens in Krieg und Frieden betrifft.

Potsdam, den 27. August 1752   Friederich

---

3. Die 1748 verfaßte Schrift, *Die Generalprinzipien des Krieges und ihre Anwendung auf die Taktik und Disziplin der preußischen Truppen* (vgl. Ges. Werke, Bd. 6, S. 3 ff.). Vgl. S. 110.

Nachwort

Biographische und politische Voraussetzungen

»Der König von Preußen [muß] den Krieg unbedingt zu seinem Hauptstudium machen«, so umschreibt Friedrich II. die vornehmste Pflicht des preußischen Herrschers in den Schlußbetrachtungen seines *Politischen Testaments von 1752*, denn »das Militär in Preußen [muß] die erste Stelle einnehmen«. Sechzehn Jahre später – nach den bitteren Erfahrungen des Siebenjährigen Kriegs – erneuert Friedrich seine Forderungen, die den »Vorrang des Militärischen vor dem Zivilen«[1] als die Maxime staatlichen Handelns hinstellen, indem er in einem weiteren politischen Testament seinen Staat mit folgenden Worten charakterisiert: »Wir müssen Preußen als einen Militärstaat betrachten.«[2] Dieser preußische König, der sich selbst zur Auflage machte, immer an der Spitze des Heeres zu stehen, alles mit eigenen Augen zu sehen und selbst zu regieren, wurde am 24. Januar 1712 in Berlin als Sohn des Kronprinzen Friedrich Wilhelm und der Prinzessin Sophie Dorothea von Hannover geboren. Sein Großvater, Friedrich I., hatte im Januar 1701 die Königswürde erworben und durfte sich seit dieser Zeit »König *in* Preußen« nennen. Denn die Krone galt nur für die Provinz Ostpreußen, die nicht zum Herrschaftsbereich des Kaisers in Wien gehörte, sondern dem Großen Kurfürsten nach dem Nordischen Krieg im Frieden von Oliva (1660) als früheres polnisches und zeitweilig schwedisches Lehen zufiel. Zweifellos stieg mit dem Erwerb der Königskrone das Ansehen der Kurfürsten von Brandenburg im Reich erheblich.

Ein Jahr nach der Geburt des Thronfolgers starb der König am 25. Februar 1713, sein Sohn übernahm als Friedrich Wilhelm I. die Regierungsgeschäfte. Die ersten Lebensjahre verbrachte Friedrich mit seiner drei Jahre älteren Schwester

Wilhelmine unter der Obhut seiner vielseitig interessierten
Mutter und einer französischen Erzieherin. Doch schon
bald griff der Vater, der Soldatenkönig und »tüchtigste
Arbeiter«[3] seines Landes, in die Erziehung des Kronprinzen
ein, um ihn zum ersten Finanzminister und Feldmarschall
des Königs von Preußen ausbilden zu lassen.[4] Der fromme
»Puritaner«[5] auf Preußens Thron, der im Zeitalter des
Gottesgnadentums und der damit verbundenen patrimo-
nialen Staatsauffassung seine Lebensweise als die einzig
richtige und Gott wohlgefällige betrachtete, gab den nun
für die Erziehung des Thronfolgers verantwortlichen Offizieren strenge Richtlinien an die Hand, auf deren Einhal-
tung der »Verwaltungsfachmann« und »eisenharte Landes-
vater« pedantisch achtete.[6] Aufgaben und Pflichten des
Herrschers, Zucht, Ordnung, Sparsamkeit und Liebe zum
Soldatenberuf bildeten in den Augen Friedrich Wilhelms
die Fundamente seines Staates: Vorstellungen, die in einem
offenen Gegensatz zu der Lebensweise, dem Luxus und
Müßiggang am Hofe seines Vaters standen. Er selbst, dessen
Motto lautete, »ein Regente der mit honneur in die weldt
Regiren will mus seine affehren alles selbst tuhn«[7], nahm
für sich in Anspruch, mit der Beseitigung aller Mißstände
im Lande während seiner bis dahin neunjährigen Regierungszeit ein »recht Meisterstück« vollbracht zu haben. Bei
seinem Regierungsantritt, so erklärte Friedrich Wilhelm,
waren nämlich die meisten Domänen verpfändet, die Finanzen in einem Zustand, dem dem Staatsbankrott nahe-
kam, und die Armee zu klein und in schlechter Verfassung.[8]
Das gleiche Urteil über die Verhältnisse im Staate Friedrichs I. fällte Jahre später Friedrich II. in seiner *Geschichte
des Hauses Brandenburg* aus dem Jahr 1751. Zweifellos
konnte Friedrich I. in der Innen- und Außenpolitik nicht
ähnlich große Erfolge aufweisen wie sein Vorgänger und
seine Nachfolger. Bildete aber deshalb seine Regierungs-
weise einen Bruch in der Entwicklung des preußischen
Staatswesens? Hatte er nicht mit dem Erwerb der Königs-

krone eine Grundlage geschaffen, auf der seine Nachfolger aufbauen konnten? Wenn er auch einer anderen Lebensauffassung huldigte, so ist es doch wohl kaum zulässig, das Jahr 1713 als eine erhebliche Zäsur zu beurteilen, wie die folgenden Generationen der preußischen Könige der Nachwelt glauben machen wollten.

Den schönen Künsten, der Musik, Literatur und Philosophie stand der junge Friedrich so aufgeschlossen gegenüber, daß er dadurch das Mißtrauen seines Vaters hervorrief. Seit er sich in seiner Erziehung unter der Knute des Vaters befand, konnte er seinen Lieblingsbeschäftigungen nur noch heimlich nachgehen. Anklänge einer Kritik an der Erziehung durch den Vater finden sich in dem *Testament von 1752,* wenn Friedrich II. in dem Kapitel »Erziehung des Thronfolgers« davon spricht, daß die Eltern tyrannisch die kleinsten Wünsche des Thronfolgers unterdrücken, um dessen Sitten zu bessern. Erste Berichte über den Konflikt zwischen Vater und Sohn stammen aus den ansonsten nicht immer zuverlässigen Memoiren von Friedrichs Lieblingsschwester Wilhelmine, der Markgräfin von Bayreuth.[9] Friedrich Wilhelms Züchtigungen und Schmähungen, zu denen er sich besonders dann hinreißen ließ, wenn er von seinen Krankheiten geplagt wurde, bekamen nicht nur die Kinder häufig zu spüren, sondern auch seine Untertanen, an denen er ständig etwas auszusetzen hatte. Vor diesem launischen Vater, der oft mit sich selber unzufrieden war, die Kinder beschimpfte und in aller Öffentlichkeit schlug, floh Friedrich, indem er sich seinen geliebten Büchern und dem Flötenspiel widmete. Nachdem er der strengen Zucht bereits Jahre unterworfen war, mußte der Sechzehnjährige einsehen, daß es keine Möglichkeit einer Aussöhnung mit dem Vater geben konnte. Da er es wegen der schlechten Behandlung nicht mehr wagte, den Vater zu besuchen, bat er ihn in einem Brief, von seinem »grausamen Haß« abzulassen. Inwieweit sich Friedrich schon zu diesem Zeitpunkt verstellen mußte, läßt sich nicht sagen, später hat er dem

immer mißtrauischen Vater »mit aller möglichen Unterwürfigkeit«[10] geantwortet. Friedrich Wilhelm warf ihm
vor, die Instruktionen hinter seinem Rücken zu umgehen
und sich nicht daran zu halten. Sein »eigensinniger böser
Kopf« würde sich immer gegen den Vater auflehnen und
sich sträuben, die militärischen Pflichten eines Thronfolgers
ernst zu nehmen.

Nach einem ersten Höhepunkt in der Auseinandersetzung
mit dem Vater im Jahre 1728, bei der Friedrichs heimliche
Schulden für seine Bibliothek eine Rolle spielten, beschloß
der Kronprinz, bei passender Gelegenheit zu seinen Ver-
wandten nach England zu fliehen, mit denen sowohl seine
Mutter aus dem Haus Hannover als auch er in brieflicher
Verbindung standen. Auf einer Reise durch die Rheinlande
mit seinem Vater wurde der Fluchtversuch des strengbe-
wachten Friedrich am 5. August 1730 vereitelt. Dieser Vor-
fall wurde von seinem Vater als Staatsaktion hochgespielt
und als Desertion aufgefaßt. Friedrich erhielt Einzelhaft
in der Festung Küstrin. Auf Fürbitten aus dem In- und
Ausland – hauptsächlich durch den Kaiser in Wien – konnte
der König dazu veranlaßt werden, das Leben seines Sohnes
zu schonen. Den in den Fluchtplan miteingeweihten Freund
Friedrichs, den Leutnant von Katte, verurteilte ein Mili-
tärgericht zu lebenslanger Haft. Der König, der sich selbst
als letzte höchstrichterliche Instanz betrachtete, änderte
das Urteil, und so wurde der Leutnant vor den Augen
Friedrichs, der auf väterlichen Befehl zuschauen mußte,
hingerichtet. Obwohl Friedrich sehr bald wegen seines sich
verschlechternden   Gemütszustands   Hafterleichterungen
eingeräumt wurden, dauerte seine Haft bis zum 4. April
1732, dem Tag seiner Verlobung mit Elisabeth, Christine
von Braunschweig-Bevern. Friedrich war mit der Wahl
seiner Braut nicht einverstanden, wie aus seinen Briefen ersichtlich ist, aber er konnte es unmöglich erneut zu einer
Auseinandersetzung mit dem Vater kommen lassen. Schon
zuvor hatte er seinen Vater inständig gebeten, ihm die

Führung eines Regiments anzuvertrauen. Ihm zuliebe nahm Friedrich auch an Jagden teil und beschäftigte sich mit den Finanzen und der Verwaltung im Amt Küstrin. Aber lediglich seine Einwilligung in die Verlobung verschaffte ihm ein Regiment in Ruppin. Nach seiner Hochzeit am 12. Juni 1733 wohnte er mit seiner Frau seit Herbst 1736 auf dem für ihn neuerbauten Schloß Rheinsberg. Ungestört durch seinen kränkelnden Vater, konnte er hier mit seinen engsten Vertrauten ein Leben nach eigenem Geschmack führen.

Die ersten politischen Äußerungen bezeugen, daß Friedrich sich nach eigenen Vorstellungen auf sein zukünftiges Regierungsamt vorbereitete. Seine Unzufriedenheit über die Behandlung, die sein Vater durch den Kaiser in Wien in der Erbangelegenheit in Jülich/Berg erfuhr und geduldig hinnahm, ließ recht deutlich werden, daß er seines Vaters Auffassung nicht teilte. Der Philosoph, wie er sich selbst nannte, schrieb am 18. Mai 1740 an den von ihm verehrten Voltaire: »Ich gebe meine Unabhängigkeit schweren Herzens auf, und voller Sehnsucht nach der bisherigen glücklichen Einsamkeit bin ich gezwungen, die große Weltbühne zu betreten«[11].

Kurz darauf, am 31. Mai 1740, starb sein Vater, und Friedrich stürzte sich Hals über Kopf in die Regierungsgeschäfte. Seine Freunde aus der Rheinsberger Zeit, die in den Regierungswechsel große Hoffnungen gesetzt hatten, waren von ihrem Musenfreund und Philosophen maßlos enttäuscht. Friedrich übernahm einen überaus gut funktionierenden Regierungs- und Verwaltungsapparat, änderte wenig und setzte durch seinen jugendlichen dynamischen Stil neue Akzente. Bereits am 11. Juni 1740 wies er den preußischen Sonderbeauftragten in Paris, Oberst von Camas, an, die französische Regierung unter Anspielung auf die militärische Bereitschaft Preußens darauf vorzubereiten, daß der König von Preußen durchaus in der Lage wäre, »Europa in Brand« zu setzen, und man sich daher besser mit ihm gutzustellen hätte.[12]

Den Beweis lieferte der König wenige Monate später, als er im September während seines Aufenthalts in Kleve 1600 bis 2000 Soldaten auf das Gebiet des Bischofs von Lüttich vorrücken ließ, um mit diesem zu einer endgültigen Klärung über die seit dem Jahr 1732 preußische Herrschaft Herstal zu kommen. Friedrich Wilhelm wollte diese Herrschaft für eine beträchtliche Summe an den Bischof verkaufen, der von Anfang an ebenfalls Anspruch auf das Gebiet erhob und die Bewohner gegen die Preußen beeinflußte. Als sich 1740 niemand für seine Belange einsetzte, gab der Bischof schließlich nach und bezahlte am 20. Oktober eine wesentlich höhere Summe, als ursprünglich von Friedrich Wilhelm I. gefordert worden war. Ohne die bei solchen Streitigkeiten vorgesehenen Reichsinstanzen anzurufen, hatte Friedrich seinen Willen durchgesetzt.

Am 25. Oktober 1740 erreichte die Nachricht vom Tode Kaiser Karls VI., der am 20. des Monats in Wien gestorben war, Friedrich auf Schloß Rheinsberg. Sofort ließ er seinen ersten General von Schwerin und seinen Außenminister Podewils kommen, um mit ihnen über die neue Situation zu beraten. Den in allen außenpolitischen Angelegenheiten zur Zurückhaltung mahnenden Podewils hatte Friedrich wenige Monate vorher belehrt: »Wenn die Minister von Politik sprechen, sind sie geschickte Leute, doch wenn sie vom Kriege reden, ist's, als wenn ein Irokese von der Astronomie spricht.«[13] Schon während der Unterredung auf Schloß Rheinsberg stand Friedrichs Entschluß fest, wie aus einem Brief an den Schriftsteller Algarotti vom 28. Oktober ersichtlich ist: »Alles war vorhergesehen, alles bestimmt. So gilt es denn nur, die *Pläne* auszuführen, die ich *seit lange[m]* im Kopfe gewältzt habe.«[14]

Während des »siebenwöchigen Mysteriums« in Berlin liefen die militärischen und diplomatischen Vorbereitungen auf vollen Touren.[15] Als seine Truppen am 16. Dezember in Schlesien einmarschierten, berichtet Friedrich in überschwenglichen Worten seinem Minister Podewils: »Ich habe den Rubikon überschritten [...], Ich bin gewillt, entweder unterzugehen oder von diesem Unternehmen Ehre zu gewinnen.«[16] Die »Konjunkturen« waren günstig, Friedrich hatte es sich »zur Ehrensache gemacht, mehr denn ein anderer meines Hauses Macht zu erhöhen«[17], schließlich war das »gemeinsame Ziel« aller Maßnahmen »die Stärkung und das Wachstum seiner Macht«. Gegenüber seinem vertrauten Freund Jordan rechtfertigte Friedrich seinen völkerrechtswidrigen Überfall auf Schlesien nicht mit den Worten eines Regenten, sondern mit dem Bekenntnis des jugendlichen 28jährigen Feldherrn, indem er offen zugab, daß er seinen Namen in den Zeitungen sehen wollte, um Geschichte zu machen: »Meine Jugend, die Glut der Leidenschaft, der Ruhmesdurst, ja selbst die Neugier, um Dir nichts zu verhehlen, kurz ein geheimer Instinkt hat mich den Freuden der Ruhe entrissen.«[18] Die Politik des »Alles oder Nichts«, die Friedrich während seiner drei schlesischen Kriege häufig in Briefen als die ihn treibende Kraft hinstellte und die ihn als »ersten Diener« des Staates in Erwartung des bitteren Endes zu Selbstmordabsichten Zuflucht nehmen ließ, hatte alle »Nachbarn aufgeschreckt«, wie er sich später 1752 im Gefühl des Sieges verwundert ausdrückte, als ob er erwartet hätte, daß man seiner Eroberung ruhig zusehen würde.

Seit 1741 mit den Franzosen verbündet, unterstützte Friedrich die Kandidatur des bayrischen Kurfürsten, Karl Albert, auf den vakanten Kaiserthron. Österreichs Aussichten, sich gegen diese unterschiedlich motivierte Allianz mit Waffengewalt durchzusetzen, standen wegen der Aufsplitterung der militärischen Kräfte nicht besonders gut. Nachdem Friedrich zwei Feldzüge erfolgreich abgeschlossen hatte, versuchte er aus dem Dilemma des Wiener Hofes seinen Vorteil zu ziehen. Ohne die Franzosen ins Vertrauen zu setzen, wie es die Allianzvereinbarungen erforderten, die jegliches separate Vorgehen untersagten, schloß Friedrich im Juni 1742 einen Vorfrieden mit den Österreichern ab, der später im Frieden von Breslau bekräftigt wurde. Maria

Theresia konnte mit diesem Vertrag ihren schärfsten und
in Schlachten erfolgreichsten Widersacher aus der Schar
ihrer Gegner ausschalten, indem sie den bitteren Preis zahlte und Schlesien, die fruchtbarste Provinz ihres Kaiserreichs, Friedrich überließ.

Das »Rendezvous des Ruhmes«[19], zu dem Friedrich seine
Soldaten und Offiziere verabschiedet hatte und das nun
durch ein vertragswidriges Vorgehen zu einem erfolgreichen
Ende geführt worden war, kostete Friedrich vermutlich den
Rest an Glaubwürdigkeit, der ihm nach seinem Einfall in
Schlesien bei seinen Partnern verblieben war.[20] Doch bereits
ein Jahr später veranlaßte die Aussicht auf einen Frieden
zwischen den weiterkämpfenden Parteien Friedrich, sich
erneut über die internationale Anerkennung seiner Eroberung Gedanken zu machen, denn eine Regelung über seinen
Kopf hinweg wäre einem Verlust seiner mittlerweile errungenen Machtposition in Europa gleichgekommen. Im
selben Jahr 1743 sah er sich schon an der Spitze der Heere
des Reichs, denn das erneute Eingreifen in den europäischen
Konflikt sollte im Interesse des Wittelsbachischen Kaisers,
Karl VII., und an der Seite der Franzosen erfolgen, um
zu geeigneter Zeit die Engländer und Österreicher zu einem
für Preußen günstigen Frieden zu zwingen, in dem Friedrich sich in der Position des Schiedsrichters in Europa wähnte.

Die Pläne gingen aber in dieser Form nicht in Erfüllung.
Bevor Friedrich am 5. Juni 1744 ein erneutes Bündnis mit
den Franzosen einging, die für jede Unterstützung in der
für sie ungünstigen Kriegslage dankbar waren, trat durch
den Tod des Landesherrn in Ostfriesland im Mai 1744 der
Erbfall ein. Friedrich leitete seine Ansprüche aus einer
Vereinbarung seines Hauses mit dem österreichischen Kaiser
Leopold ab und ließ sofort Truppen einrücken, ohne sich
um die Ansprüche anderer, wie des Kurfürsten von Hannover, zu kümmern. Obwohl er in diesem Jahr glaubte, die
Reichsinteressen und die Freiheiten der Territorialfürsten

gegen das den Frieden gefährdende Österreich verteidigen zu müssen, mißtraute er wiederum dem normalen Instanzenweg der bei solchen Erbfällen verantwortlichen Reichsbehörden, die freilich kaum funktionstüchtig waren.

Nach dem Tod des Kaisers im Januar 1745 und dem wenig glücklichen Verlauf des Feldzugs vom Herbst 1744, bei dem die Österreicher jeder von Friedrich gewünschten entscheidenden Feldschlacht auswichen und durch ihre Ermattungsstrategie die Preußen zur Umkehr aus Böhmen zwangen, mußte Friedrich seinem Minister Podewils, der nun das Schlimmste befürchtete, wieder Mut zusprechen: »Aber ich habe nun einmal den Rubikon hinter mir und will nun meinen Machtbesitz behaupten, oder es mag alles zugrunde gehen und bis auf den preußischen Namen mit mir begraben werden.«[21]

Wiederum setzte Friedrich alles aufs Spiel und gewann. Nachdem das zweite Kriegsjahr mit preußischen Siegen – zuletzt am 15. Dezember bei Kesseldorf in Sachsen – Friedrich als den Erfolgreichen sah, wurde Weihnachten 1745 der Friede zu Dresden unterzeichnet. In ihm erreichte Friedrich sein Ziel, die internationale Anerkennung seiner Eroberung, nicht und ließ ebenso wie früher die Franzosen allein weiterkämpfen. Selbst als ihm sein Ziel 1748 im Frieden zu Aachen zugestanden wurde, verließ ihn das »Gefühl beständigen Bedrohtseins« nie.[22]

Obwohl die beiden Kriege Friedrich acht Millionen Taler kosteten und nur 15 000 Taler in dem Staatsschatz blieben, den der Vater ihm voller Stolz hinterlassen hatte, ließ Friedrich bereits 1744 in Potsdam den Bau eines Schlosses beginnen, das er als ›Sans Souci‹ 1747 bezog. In diese Zeit fällt auch der Bau der Berliner Oper, ebenfalls unter der Leitung des bekannten Baumeisters von Knobelsdorff. Friedrich fand seit langem wieder genügend Zeit, sich neben seinen täglichen Regierungsgeschäften mit der Literatur und der Geschichte zu befassen. Er schrieb Gedichte, Dramen, historische und philosophische Abhandlungen.

Auf außenpolitischem Gebiet indes wollte nach Friedrichs
Einschätzung keine rechte Ruhe eintreten. Die »im wesent-
lichen kühne Improvisation«,[23] der Einfall in Schlesien, beschäftigte weiterhin die führenden Staatsmänner und die
öffentliche Meinung in Europa.[24] Politische Bündniskonstel-
lationen wurden in Geheimverhandlungen vorbereitet, von
denen der potentielle Gegner trotz erstaunlich gut funktio-
nierender Spitzelsysteme nur ungenügend unterrichtet war.
Deutlich wird dieses Unbehagen, wenn Friedrich in seinem
Testament von 1752 die Rolle Österreichs in diesem System
der »Einkreisung«[25] beschreibt: »Nie wird es den Verlust
Schlesiens verschmerzen, nie vergessen, daß es sein Ansehen
in Deutschland mit uns teilen muß.« Obwohl Friedrich
ausdrücklich betont, daß ihm nicht daran gelegen sei, »noch
einmal den Krieg anzufangen«, weil sein »jetziges System
[...] auf der Erhaltung des Friedens« beruht, griff er 1756
zum Mittel des Präventivkrieges und marschierte am 28.
August in Sachsen ein.
Seine Situation im internationalen Mächtekonzert hatte
sich nicht ohne sein eigenes Zutun merklich verschlechtert
und war keineswegs so günstig, wie er es 1752 prophezeit
hatte, als er noch dem Waffenglück seiner Armee vertraute.
In der Konvention von Westminster vom 16. Januar 1756
versicherte sich Friedrich der englischen Unterstützung,
denn der sich abzeichnende Weltkonflikt zwischen Frankreich und England, der sich später hauptsächlich auf dem
indischen Subkontinent und in Nordamerika abspielen
sollte, mußte zweifellos die Interessen der beiden Großmächte auf dem europäischen Kontinent in Mitleidenschaft
ziehen. Deshalb schien es geboten, sich rechtzeitig darauf
einzustellen. Aber Friedrich unterschätzte das diplomatische
Geschick an den Höfen in Paris und Wien, wenn er glaubte,
daß die Franzosen seinem Spiel ruhig zusehen würden.
Das Abkommen, das er mit Frankreich 1744 auf zwölf
Jahre abgeschlossen hatte, wurde nicht erneuert. Seinen
Beteuerungen, die Konvention von Westminster habe nichts

präjudiziert, schenkte die französische Regierung kein Vertrauen; sie schloß am 1. Mai 1756 ein Bündnis mit Österreich ab, das einen Erfolg für das langjährige Bemühen der österreichischen Diplomatie unter Kaunitz darstellte. Die Umkehr aller Bündnisse, das »renversement des alliances«, die »diplomatische Revolution« war perfekt. Schwankend zwischen dem früheren Optimismus und dem Unbehagen über diese politische Konstellation, flüchtete sich Friedrich sechzehn Tage vor dem Einmarsch im Hinblick auf die Stärke seiner Armee in große Worte: »Bin ich doch überzeugt, daß diese kreißenden Berge nur Mäuslein gebären werden, daß der Wert der preußischen Truppen und die Erbärmlichkeit unserer Feinde immer die gleichen bleiben, und daß man Großes nur durch großen Einsatz gewinnt.«[26]

Was verbarg sich hinter dieser Formulierung? Schlesien gehörte Friedrich bereits, er brauchte es nicht mehr zu gewinnen. Es läßt sich nicht ganz von der Hand weisen, daß Friedrich »zwei Fliegen mit einer Klappe schlagen« wollte. Wenn er – seiner Interpretation gemäß – gezwungen war, Schlesien zu verteidigen, dann sollte es möglich sein, bei einem eindrucksvollen Sieg gleichzeitig seinen geheimsten Wunsch, nämlich Sachsen einzubehalten, zu erfüllen. War dies ein »günstiger Umstand«, um seine Pläne kraftvoll durchzusetzen? Schließlich erwartete Friedrich, für den es wiederum nur »Tod oder Sieg« gab, daß »epochemachende Ereignisse [...] das Antlitz Europas verändern« werden, wie er an seine Schwester hoffnungsvoll nach den ersten Siegen schrieb.[27] Wenn er später selbst keine Anstalten machte, diesen Krieg in seinem *Testament von 1768* zu erläutern und ihn in seiner *Geschichte des Siebenjährigen Krieges*, 1763, als einen Verteidigungskrieg bezeichnete, so spricht das nicht gegen die hier vorgetragene Ansicht. Schließlich hielt Friedrich seine Pläne immer geheim, damit niemand seine Absichten erraten konnte. Wären sie 1756 und in den folgenden Jahren in Erfüllung gegangen, hätte

die Nachwelt bestimmt wieder einen Friedrich der Jahre
1740 bis 1745 erlebt. Denn nichts zählte für ihn als der
Erfolg. »Die Staatsraison verlangt, daß diese Absichten
in undurchdringliche Schleier gehüllt bleiben und daß man
ihre Ausführung hinausschiebt, solange die Mittel fehlen,
es mit Erfolg zu tun.«[28]

Nach dem für die Preußen erfolgreichen Jahr 1757 gestaltete sich der Kriegsablauf 1758 unentschieden, und 1759
sollte es zur Katastrophe kommen. Am 12. August bei
Kunersdorf gab sich Friedrich nicht mit einem anfänglichen
Teilerfolg gegen die Russen zufrieden, sondern suchte die
alles entscheidende Schlacht. Seine überforderte Infanterie
hielt nicht durch und versagte gegen die mit den Russen
verbündeten Österreicher. »Den Untergang meines Vater-
landes werde ich nicht überleben. Leben sie wohl für immer«, schrieb er eilig an den Grafen Finck von Fincken-
stein, dem er in knappen Instruktionen die Regelung der
Regierungsgeschäfte anvertraute.[29] Obwohl Friedrich 1760
noch einmal zwei Siege errang, ließ der ungeheure Druck
auf seine Länder nicht nach. Österreichs Ermattungsstrategie, Rekrutierungsprobleme in der preußischen Armee und
finanzielle Schwierigkeiten kennzeichneten das Jahr 1761.
Der Tod der russischen Zarin Elisabeth am 5. Januar 1762,
der eine russische Abkehr vom Kriegsgeschehen nach sich
zog, brachte die langersehnte Entlastung, denn die Hoffnung auf ein Eingreifen der Türkei, auf die Friedrich seit
einiger Zeit baute, erfüllte sich nicht. Die Engländer hatten
ihren überseeischen Krieg gegen die Franzosen gewonnen
und traten in Sonderverhandlungen mit Preußens Gegner
ein. Nach dem letzten Sieg der Preußen unter Prinz Heinrich im Oktober 1762 bei Freiberg in Sachsen bahnten sich
auch Verhandlungen zwischen den übrigverbliebenen Parteien Preußen und Österreich an. Am 15. Februar 1763
wurde auf Schloß Hubertusburg in Sachsen der Frieden
unterzeichnet.

Die »Wendung nach außen«, die »eigentlich schöpferische

Tat« des Königs,[30] die Friedrich wohl nur deshalb Sympa-
thien in Europa eintrug, weil es ihm gelungen war, sich in
ständiger Auseinandersetzung mit Österreichern, Russen,
Franzosen und Reichstruppen zu behaupten, hatte alle
Provinzen in einem trostlosen Zustand hinterlassen. Allein
in der Kurmark und Neumark ging die Einwohnerzahl
um 116 000 zurück.[31] In seinem *Politischen Testament 1768*
verglich Friedrich den Zustand mit der Lage nach dem
Dreißigjährigen Krieg: »Ich war Zeuge einer fast gleichen
Zerstörung.« Die gesamten Bevölkerungsverluste beliefen
sich nach Friedrichs eigenen Angaben in den *Testamenten*
auf insgesamt 500 000, also 10 % der Gesamtbevölkerung.
Aber zum späteren Zeitpunkt konnte er nicht umhin, sich
selber zu loben. Hatte er doch noch genügend Mittel nach
dem Krieg übrig, »um die verheerten und halb verwüsteten
Provinzen wieder hochzubringen«.[32]
Während sich der König verstärkt innenpolitischen Proble-
men zuwandte, um Heer und Finanzen wieder in Ordnung
zu bringen, stützte er seine Außenpolitik auf ein achtjähri-
ges Bündnis mit Rußland, das am 11. April 1764 abgeschlossen wurde. Anbahnen ließ sich das Bündnis über den
sich schon im Frühjahr 1763 abzeichnenden Fall der polnischen Thronfolge, die dann auch im Oktober eintrat, weil
beiden Parteien nichts daran gelegen sein konnte, einen
österreichischen oder französischen Kandidaten auf dem
Thron zu sehen. 1769 startete Friedrich einen ersten »Ver-
suchsballon«[33] über eine mögliche Teilung Polens unter
die drei Großmächte, der aber noch auf keine Gegenliebe
stieß. Der Hof von St. Petersburg sah in den Begegnungen
des jungen österreichischen Kaisers Joseph II. mit Friedrich in den Jahren 1769 und 1770 den Versuch einer An-
näherung zwischen den beiden Erzfeinden und lud vor-
sichtshalber Prinz Heinrich zu einer Aussprache ein. Als
Österreich während des Besuchs den Rest der Grafschaft
Zips besetzte und damit das Thema der Aufteilung Polens
unzweideutig anschnitt, nahmen nun auch Petersburg und

Berlin Kontakt auf. Aber es dauerte doch noch über ein
Jahr, bis Mißtrauen und Neid abgebaut waren und die
Aussicht auf Landgewinn alle Parteien zu einer Einigung
im Februar 1772 gelangen ließ. Preußen erhielt Westpreu-
ßen, das Ermland, den Netze-Distrikt und das Kulmer-
land. Am 5. August war die Teilung perfekt.
Die Einigkeit der Mächte sollte nicht lange vorhalten, denn
im Jahr 1777 trat das Problem der bayrischen Erbfolge
in den Vordergrund der politischen Überlegungen. Mit
dem Tod des Kurfürsten im Dezember des Jahres schien
für den Wiener Hof die Zeit gekommen, langgehegte Pläne auf den Erwerb von Teilen Bayerns in die Tat umzu-
setzen. Als der ehrgeizige Joseph II. seine Wünsche in dem
Vertrag vom Januar 1778 mit dem Erben, dem Kurfürsten
Karl Theodor von der Pfalz, schon in Erfüllung gehen
sah, formierte sich die Opposition unter Führung Preußens, das in dem Machtzuwachs Österreichs eine Bedrohung
des Machtgleichgewichts im Reich sehen mußte. Nach dem
österreichischen Einmarsch in Bayern sammelte Friedrich
mit russischer Rückendeckung Verbündete im Reich, indem
er sich auf die Bestimmungen des Westfälischen Friedens
berief und sich als Verteidiger der darin enthaltenen »deutschen Freiheit« hinstellte. Nachdem die Verhandlungen
kein Ergebnis zeitigten, entschloß sich Friedrich, im Juli
1778 in Böhmen einzumarschieren. Doch Maria Theresia, die
einen Krieg vermeiden wollte und deshalb das Vorgehen
ihres Sohnes mißbilligte, gelang es, durch eine private Initiative einen Aufschub zu erreichen und die Verhandlungen wieder in Gang zu bringen. Ohne eine einzige Feldschlacht fand der sogenannte ›Kartoffelkrieg‹ im Frieden
von Teschen im Mai 1779 ein Ende. Joseph II. mußte den
Vertrag mit Karl Theodor annulieren, Bayern bis auf das
Innviertel räumen und weiteren Konzessionen seiner Verbündeten zustimmen. Dieser Erfolg brachte Preußen hohen
politischen Kredit unter den Reichsständen ein und ließ es
als die einzige Macht erscheinen, die in der Lage war, als

Gegengewicht zu Österreich die deutschen Interessen zu vertreten.

Nach dem Tod Maria Theresias erneuerte Joseph II. seine Annexionspläne, als es ihm gelang, durch gemeinsame Sache mit Rußland gegen die Türken das Zarenreich auf seine Seite zu ziehen. Da die Zarin das Bündnis mit Preußen 1784 nicht verlängerte, blieb Friedrich keine andere Wahl, als die Gegner Österreichs im Reich in einem Fürstenbund zu vereinigen. Zum zweiten Mal wurde das habsburgische Hausmachtstreben mit diplomatischen Mitteln erfolgreich blockiert. Es war Friedrich nicht vergönnt, diesen erneuten Prestigegewinn lange auszukosten. Er starb am 17. August 1786 in Potsdam.

Die historisch-politischen Schriften

Die ersten politischen Überlegungen des »literarisch produktivsten deutschen Herrschers«[34] galten der zukünftigen Außenpolitik des brandenburg-preußischen Staates. In einem Brief vom Februar 1731, den Gooch als »sein frühestes politisches Glaubensbekenntnis« bezeichnet,[35] läßt Friedrich seiner »Phantasie und Erfindungsgabe«, die er zu den unabdingbaren Eigenschaften eines Staatsmannes zählt, freien Lauf. Die »fortschreitende Vergrößerung des Staates« hat in allen Plänen des Herrschers eindeutig Vorrang vor einem System der »Erhaltung des europäischen Friedens«, denn »wer nicht vorwärtskommt, der geht zurück«. Sein Programm, so würde man heute sagen – sein System, Projekt und Plan, so nennt es Friedrich –, bestand darin, die »politische Notwendigkeit« Preußens zu erkennen, »Provinzen zu erwerben«.

Als Begründung dient ihm die zerstückelte Lage der preußischen Länder, die einer Abrundung bedurften. Doch Abrundung und Vermehrung der Einkünfte können nur als zweitrangige Motive gesehen werden, denn ohne an die

Möglichkeit des Tausches, des Kaufs oder anderer Konzessionen zu denken und die Reaktion der Reichsfürsten zu
berücksichtigen sind dem Weg »von Eroberung zu Eroberung« keine Grenzen gesetzt.[36] Das »große Ziel« ist es denn
auch, den König von Preußen in die Lage zu versetzen,
»unter den Großen der Welt eine gute Figur [zu] machen,
und eine bedeutende Rolle [zu] spielen«, und das erfordert
eine Anspannung und Sammlung aller innenpolitischen
Kräfte. Sollten aber die preußischen Tugenden des Gehor-
sams und der Pflicht durch zerstörerische Elemente in der
eigenen Bevölkerung in Frage gestellt und die Ausrichtung
des preußischen Staates angezweifelt werden, so wünschte
Friedrich diesem Staat, »daß er in kürzerer Zeit untergehe,
als er bestanden hat«.[37] Festzuhalten gilt es, daß diese Pläne
Friedrich bis an sein Lebensende begleiteten.

Mit den *Betrachtungen über den gegenwärtigen politischen
Zustand Europas* aus dem Jahr 1738 beginnt eine Reihe
politischer Schriften, die besonders in den Kriegszeiten aus
konkretem Anlaß entstanden und in denen Friedrich seine
Gedanken über die außenpolitische Lage oder die momen-
tane Situation darlegt. Sieht man von dem *Entwurf zum
Deutschen Fürstenbunde* aus dem Jahr 1784 ab, der von
dem Minister von Herzberg abgefaßt wurde, so enden diese Schriften 1782 mit den *Betrachtungen über den politischen
Zustand Europas.* Österreich ist von Anfang an der Haupt-
gegner Preußens, die Gruppierung und Bewertung der anderen Hauptmächte Europas ändern sich von Zeit zu Zeit.
1738 sieht Friedrich in Frankreichs Ostpolitik den gefährlichsten Unruheherd in Europa, der nur in einer Zusammen-
arbeit der protestantischen Mächte England, Holland und
Preußen, der späteren Konstellation des Siebenjährigen
Krieges, eingedämmt werden kann.

Zwei Jahre später wird in Holland eine Abhandlung Friedrichs unter dem Titel *Antimachiavell*, den ihr Voltaire gegeben hatte, anonym veröffentlicht. In der bisherigen Ge-
schichtsschreibung hat der anscheinend unüberbrückbare

Gegensatz zwischen den Herrscherpflichten des jugendlichen Kronprinzen, wie sie im *Antimachiavell* zum Ausdruck kommen, und den späteren tatsächlichen Handlungen des Königs viel Kopfzerbrechen verursacht. Das große moralische Pathos, mit dem Friedrich gegen Machiavellis Schrift *Der Fürst* zu Feld zieht, um die sittlichen Werte eines guten Herrschers zu charakterisieren, scheint doch mehr eine Art frommer Wunsch zu sein, der aufzeigen soll, wie sich der künftige Herrscher zu sehen wünscht. So betrachtet, gleicht diese Schrift einem Fürstenspiegel, bei dem nicht mehr die Religion, sondern die Philosophie der Aufklärung als Maßstab dient. Da neben den humanitären Verhaltensvorstellungen gerade auch im *Antimachiavell* einige Kapitel aufzeigen, daß es Grenzen dieser sittlichen Werte gibt, und damit eine Kontinuität seiner machtpolitischen Vorstellungen herstellen, kann die Schrift auch als Handbuch der Politik bezeichnet werden.

Hatte Friedrich früher für Preußen von der Notwendigkeit zur Vergrößerung gesprochen, so führt er in dieser Schrift gewisse »Zwangslagen« ins Feld, die einen Herrscher dazu veranlassen können, aus Rücksicht auf das Gemeinwohl Bündnisse zu brechen und Präventivkriege zu führen. Das Gemeinwohl ist selbstverständlich nicht allgemeinverbindlich definiert, sondern unterliegt ausschließlich der Alleininterpretation des Herrschers. So konnte das Gemeinwohl als Begründung und Entschuldigung für die Durchführung der Pläne des Herrschers dienen. Wie die Wohlfahrt der Länder als Begründung für die Vergrößerung der Kavallerie benutzt werden konnte, hatte Friedrich Wilhelm seinem Sohn in dem *Testament von 1722* klarzumachen versucht. Er empfahl seinem Sohn, in gnädigen und selbst unterzeichneten Briefen die Provinzen davon zu unterrichten, daß die Vermehrung der Kavallerie aus Gründen der Wohlfahrt für alle Länder unternommen würde. Falls aber Widerstände laut werden sollten, so hätte ihn Gott zum Souverän gemacht.[38] Beide Problemkreise, der Bündnisbruch

und der Präventivkrieg, werden Friedrich weiterhin be-
schäftigen. Im *Antimachiavell* rechtfertigt er den Präventivkrieg aus Sorge um das Gemeinwohl mit folgenden
Worten: »Beginnt ein Landesherr einen Krieg von dieser
Art, so ist er unschuldig an allem vergossenen Blut: er befand sich in der Zwangslage, zu handeln, und unter solchen
Umständen ist der Krieg ein geringeres Übel als der Friede.«[39] Goochs strenges Urteil, »daß der Verfasser des Antimachiavell, trotz seines lauten Eintretens für eine hohe
Sittlichkeit, in Wirklichkeit ein Scheingefecht vorführt«,
steht derzeit allein auf weiter Flur.[40] Aber es ist wohl nicht
berechtigt, mit Meinecke von einem Nebeneinander zweier
Staatsgedanken zu sprechen und dort, wo es zu wählen gilt,
mit dem Kunstgriff der Staatsnotwendigkeit einen Primat
der Machtpolitik über die humanitären Vorstellungen zu
etablieren.[41] Damit ist der autonome Bereich der Staatsnotwendigkeit nicht analysiert, und Meinecke wiederholt nur
die Begründungen, die Friedrich selbst der Nachwelt über-
liefert hat, ohne sie zu prüfen. Gerade in den letzten Kapiteln des *Antimachiavell* wird deutlich, wie Friedrich eine
verschleierte Machtpolitik, die das Kriegsrisiko jederzeit
einkalkuliert, moralisch einzukleiden versucht. Ein ungutes
Gefühl muß Friedrich wohl doch empfunden haben, wenn
er wenige Monate später, kurz vor dem Einfall in Schlesien, am 28. Oktober 1740 an Algarotti schreibt: »Diese
Epoche kann für mein Buch höchst verhängnisvoll und für
meine Person vielleicht ruhmreich werden.«[42]
In einem Vorwort aus dem Jahre 1742 zu einer geplanten
Abhandlung über die *Geschichte meiner Zeit*[43], die er erst
1775 vollenden sollte, äußert sich Friedrich weitaus offener
und unverbrämter als je zuvor, indem er ausdrücklich darauf hinweist, daß es sich hier »nicht um eine moralische
Abhandlung, sondern um geschichtliche Tatsachen« handelt.
Mit wenig schmeichelhaften Worten skizziert er die Politik
der europäischen Fürsten, wie sie sich in seinen Augen
darstellt, und warum er keine andere Möglichkeit sieht,

als sich diesem Spiel anzuschließen. Die Privatmoral des Philosophen und Ehrenmannes will er bei seiner Person streng von der des Fürsten und Politikers unterschieden wissen, denn »wer in das Getriebe der großen europäischen Politik hineingerissen wird, für den ist es sehr schwer, seinen Charakter lauter und ehrlich zu bewahren«.

Friedrich hat sich als Staatsmann nach den Grundgesetzen der europäischen Politik, dem Drang zur Vergrößerung und den Leidenschaften der Fürsten, denen nur durch die Erschöpfung aller Kräfte Grenzen gesetzt sind, zu richten. Seine Absicht ist es, die Gründe darzulegen, »die jeden Fürsten [...] zwingen, der Praxis zu folgen, die den Betrug und den Mißbrauch der Macht autorisiert«. Die »Falschheit, Doppelzüngigkeit und Treulosigkeit« der anderen Herrscher haben sein Herz noch nicht verdorben, und auch die Hoffnung, »daß eine noch aufgeklärtere Zeit der Ehrlichkeit den ihr gebührenden Platz einräumen wird«, hat er noch nicht aufgegeben. Wie so oft sieht sich Friedrich der skrupellosen Verschlagenheit anderer ausgeliefert, und da die Politik den Charakter verdirbt, gibt es dagegen nur ein einziges Mittel: die anderen zu übertrumpfen. Das Urteil G. Ritters, daß es nicht »die historische Mission Friedrichs« war, »Humanitätsapostel seiner Epoche zu werden«, klingt in diesem Zusammenhang fast zynisch und bedarf gewiß der Korrektur.[44]

In den *Denkwürdigkeiten zur Geschichte des Hauses Brandenburg*, die Friedrich nach dem Zweiten Schlesischen Krieg schrieb und die er 1751 durch eine Widmung und Vorrede vollendete, gilt seine Bewunderung dem Großen Kurfürsten, der nicht nur eigene Pläne entworfen habe, sondern sie auch selbst ausführte. Bei der Behandlung der Ansprüche des Kurfürsten auf die schlesischen Herzogtümer wird jedoch der *Entwurf zur Erwerbung von Schlesien,* vermutlich aus dem Jahr 1670, wohl der kühnste Plan des Herrschers, nicht erwähnt, obwohl Friedrich ihn gekannt hat.[45] Sein Großvater, Friedrich I., findet vor seinen Augen keine

Gnade. Nicht nur die verschwenderische Prachtliebe, den
Prunk und die Zeremonien kreidet er ihm an, sondern vor
allem, daß er dem Kaiser und dessen Verbündeten 30 000
Untertanen opferte, um den Königstitel zu erlangen, der
im Grunde genommen keinen Zuwachs an Macht bedeuten
konnte. »Seine Schwäche erlaubte ihm nicht, sich auf Kosten der Nachbarn auszudehnen, die ebenso stark und mächtig waren wie er.«[46]
Nach dem *Politischen Testament von 1752* und den verschiedenen Denkschriften aus der Zeit des Siebenjährigen Kriegs
verfaßte Friedrich 1763 eine *Geschichte des Siebenjährigen
Kriegs* und 1768 ein zweites *Politisches Testament*. Auf die
weiteren Schriften historisch-politischen Charakters soll hier
nicht eingegangen werden.

Die Politischen Testamente

Für die Staatsauffassung der Hohenzollern im 17. und 18.
Jahrhundert sind ihre politischen Testamente noch immer
die besten Zeugnisse, um klare Aussagen über das Wesen
des Preußentums zu gewinnen, denn der »intime Charakter«[47] dieser Quellengattung läßt nicht nur Einsichten in die
Erfahrungen der einzelnen Herrscher zu, sondern offenbart
durch die Ratschläge und Vorstellungen für die zukünftige
Entwicklung des preußischen Staats ihr Herrschaftsverständ-
nis. Im Unterschied zu den Testamenten der deutschen Territorialfürsten, die den Staat als ein Familienunternehmen
der herrschenden Häuser auswiesen, trug zuerst das im
Jahr 1688 veröffentlichte Testament des französischen
Staatsmanns Richelieu den Titel *Testament politique*.[48] Doch
bereits für das Testament des Großen Kurfürsten von 1667
entschieden sich die Herausgeber für die Bezeichnung *Politisches Testament*, denn es charakterisiert beispielhaft die
Übergangszeit vom Territorialstaat zum modernen absolutistischen Staat. Die Testamente der Territorialfürsten[49]

sind durch ein ständig wiederkehrendes Dispositionsschema gekennzeichnet. Sie umschreiben in einem mehr theoretischen Teil die idealen Aufgaben und Pflichten des Herrschers in seiner Verantwortung vor Gott und legen in einem praktischen Teil starre Richtlinien für den Gang der Politik und für die Staatsgeschäfte fest. In den politischen Testamenten rückt die Religion als oberste Aufgabe des Herrschers mehr und mehr in den Hintergrund, und die einseitige Orientierung aller Regierungsgeschäfte an der Bibel weicht einer säkularen Auffassung. Die prägende Persönlichkeit des Herrschers gibt den verschiedenen Testamenten die eigene Note, die Einsicht in den Wandel der politischen Konstellationen führt zu einer selbständigen Außenpolitik, die sich in zunehmendem Maße auf eigene Kräfte und eine Ausrichtung des gesamten staatlichen Lebens zu stützen hat. Der »Aufsatz« des Großen Kurfürsten ist noch ganz von der Religion geprägt, die seine Ausführungen – teils statischer Art, wenn er von der Innenpolitik spricht, teils dynamischer Art, wenn er die Außenpolitik behandelt – einrahmt. Die Ansätze zu einer Zentralisation, die sich in diesem Testament finden, sind unter Friedrich Wilhelm I. voll ausgeführt. In seinem Testament stehen Militär- und Finanzfragen im Mittelpunkt, der Kirchenpolitik und der Rechtspflege räumt er trotz seiner Frömmigkeit und seines Justizeifers wenig Raum ein.

Die *Politischen Testamente* Friedrichs des Großen wurden bezeichnenderweise erst nach dem Ersten Weltkrieg im Jahre 1920 im französischen Text vollständig publiziert.[50] Die deutsche Ausgabe erschien 1922 als Band 5 in der von F. Meinecke und H. Oncken herausgegebenen Reihe *Klassiker der Politik* in der Übersetzung von F. von Oppeln-Bronikowski und mit einer Einführung von G. B. Volz.

Über die Motive, die den König veranlaßt haben könnten, gerade 1752 sein politisches Vermächtnis aufzuschreiben, herrscht seit dem Bekanntwerden der ersten unvollständigen Fassung Unklarheit in der Forschung. Sowohl die Tatsache,

daß Friedrich wenige Jahre zuvor einen Schlaganfall erlitten hatte und den Augenblick des Todes in seiner Einleitung erwähnt, als auch die von seinem Vater ererbten
und durch ein ständiges Sich-krank-Fühlen gesteigerten frühen
Todesahnungen sprechen dafür, daß Friedrich sich vermutlich durch Todesgedanken zur Abfassung entschloß, zumal
er im Januar des gleichen Jahres ein privates Testament
aufgesetzt hatte. Aber auch das Wissen um die außenpolitische Gefährdung, der Stolz und die Zuversicht über die
politischen Erfolge der Konzentrierung aller staatlichen
Kräfte könnten den Ausschlag gegeben haben.[51]

In der Einleitung scheint sich Friedrich mit dem Hinweis,
daß sein Verhalten nicht die Richtschnur und sein Tun nicht
die Handlungsmuster der folgenden Herrscher sein können, von den Tendenzen in den Testamenten seiner Vorgänger zu distanzieren, die durch Mahnungen und Drohungen gewisse starre Konzeptionen eingehalten wissen wollten. Er konstatiert, »daß alles in der Welt dem Gesetz des
Wandels unterliegt«. Ob sich diese Einsicht auch auf die
gesellschaftspolitischen Änderungen im eigenen Land bezog, muß bezweifelt werden. Wandel in außenpolitischen
Konstellationen hat Friedrich nie in Frage gestellt. Trotzdem hat er im Testament 1752 durch strenge Analysen der
verschieden gelagerten Interessen der Mächte versucht, auch
die Änderungen in ein System zu zwingen, um »aus günstigen Konjunkturen Nutzen zu ziehen«. Während die gesamte außenpolitische Lage im ersten Politischen Testament
von 1752 noch recht optimistisch beurteilt wird, so wandelt
sich dieser Optimismus im zweiten Politischen Testament
von 1768 durch die eigenen Fehleinschätzungen und die
bitteren Lehren des Siebenjährigen Kriegs.

Vermutlich waren das Gefühl für die Unsicherheit der
politischen Konstellation und die Isolierung Preußens[52]
ausschlaggebende Motive für dieses Testament. Offen
bekennt Friedrich in der Einleitung 1768, daß auch er »dem
Irrtum unterworfen ist«. Auf diesem Gebiet war er eben

nicht allein Akteur, der sich in den politischen Händeln allen überlegen glauben konnte. Daher traf ihn die Feststellung, daß hier seinem Selbstherrschertum Grenzen gesetzt waren, ziemlich unvorbereitet. Wie schwer es ihm fiel, dies einzusehen, zeigen die Beispiele aus dem Krieg. Hier kamen ihm die Türken, die seine letzte Hoffnung waren, nicht zu Hilfe, und die englischen Vorbereitungen für einen Frieden mit den Franzosen wollte er einfach nicht zur Kenntnis nehmen, obwohl Gerüchte und Berichte ihm das Gegenteil meldeten.

Ganz anders verhielt es sich im innenpolitischen Bereich. Hier war Friedrich wie auch in den Kriegen alleiniger Feldherr. Selten wagte jemand, ihm zu widersprechen. Die Planung seines Systems erstreckte sich bis in die kleinsten Einzelheiten, und alles hatte sich seinen Vorstellungen unterzuordnen. Wenn sich hier überhaupt ein Wandel abzuzeichnen begann, dann konnte er sich nur mit seiner Billigung entfalten. Das heißt natürlich nicht, daß sich das gesellschaftspolitische Leben in diesem Staat so abspielte, wie Friedrich es vorausdachte und strikt eingehalten wissen wollte. Überhaupt trifft diese Feststellung für viele Bereiche zu, die in dem *Testament* angesprochen werden. Oft unterlagen Friedrichs Pläne und detaillierte Ratschläge einer falschen Beurteilung der tatsächlichen Gegebenheiten und wurden entweder auf die Dauer nicht eingehalten oder gar nicht erst befolgt.

Friedrich beginnt seine beiden *Testamente* mit einem kurzen Abriß über das Justizwesen, aber im Gesamtzusammenhang nimmt die Rechtspflege nur einen untergeordneten Rang ein und war als ein Zugeständnis an das Bürgertum gedacht. Seine Ausführungen betreffen nämlich ausschließlich die Zivilrechtspflege. In allen Angelegenheiten aber, die das Strafrecht betrafen, behielt er sich die letzte Entscheidung vor. Von den Widerständen gegen die von dem Kanzler Cocceji in einem viel umfangreicheren Rahmen geplanten Reformen, die dieser schon unter Friedrich Wilhelm I.

entwickelt hatte, erwähnt der König nichts. Nach dem
Tod des Kanzlers 1755 schreibt sich Friedrich 1768 »den
Plan einer Reform« selbst zu. Die Reformen galten hauptsächlich der Beschleunigung der Prozesse, der besseren Ausbildung der Richter und – bereits zu einem früheren Zeitpunkt – der Abschaffung der Folter. Aber die harten Stra-
fen wurden selten reduziert, denn Zucht und Ordnung,
besonders im Heer, konnten nur durch drastische Strafan-
drohungen aufrechterhalten werden. Eine festere Rechts-
grundlage war für einen geregelten Betrieb im innerstaat-
lichen Bereich unerläßlich.

Wesentlich wichtiger ist die Finanzwirtschaft, denn sie bildet
die Grundlage für das machtpolitische Gewicht des preußischen Staates. Bis in die kleinsten Details wird der Staats-
haushalt mit seinen Einnahmen und Ausgaben geschildert.
Dabei legt Friedrich großen Wert darauf, daß nicht ein
ausgeglichener Haushalt das Hauptziel sein kann, vielmehr
muß jährlich ein Überschuß erzielt werden, damit der
Staatsschatz stets anwächst, »um einen Krieg wenigstens
vier Jahre lang auszuhalten und allen Notlagen [...] gewachsen zu sein«. Ermäßigungen in der steuerlichen Be-
lastung können erst dann in Betracht gezogen werden, wenn
nach den Kriegen alles wieder für einen künftigen Krieg
gerüstet ist und ein Steuerausfall wegen Erleichterungen
durch steigende Einnahmen in anderen Bereichen gedeckt
ist.

Alle wirtschaftlichen Maßnahmen haben diesem Ziel zu
dienen. Friedrich hat alles bis ins kleinste errechnet und
geplant, selbst auf dem Gebiet der Seidenraupenzucht erweist er sich als Sachkenner, wenn man an seine Warnung
vor der Wassersucht der Raupen denkt. Die Seidenindustrie
bleibt sein kostspieliges Steckenpferd, das sich trotz des
Löwenanteils an den Gesamtsubventionen in Berlin und
Potsdam nie recht entwickeln wollte. Nach dem Siebenjährigen Krieg rückt die Finanzwirtschaft in ihrer Bedeutung
noch weiter in den Mittelpunkt. 1768 entwickelt Friedrich

erste Überlegungen zu einer progressiven Einkommensbe-
steuerung. Der Tenor dieser Ausführungen ist ein wenig
ernster und besorgter geworden. Nur durch die »Anspannung aller Kräfte« hatte Preußen »einen harten und kostspieligen Krieg [. . .] überstanden«.

In dem Kapitel ›Innere Politik‹ von 1752 faßt Friedrich
seine Gedanken über die verschiedenen Provinzen und ihre
Bewohner, über die Stände, die Geistlichen und die Religion
zusammen. Dem Adelsstand, der die Grundlage und die
Säule des Staates bildet, gilt seine besondere Aufmerksamkeit, denn seine Privilegien dürfen nicht angetastet werden,
damit er als Offizier im preußischen Heer dem Staatswohl
dienen und dadurch ein alle Provinzen umfassendes preu-
ßisches Staatsbewußtsein entwickeln kann. Eine seltsame
Begründung findet Friedrich, wenn er die Nichtbefolgung
der Fronerleichterungen durch die Bauern erklärt. Seine
Edikte zur Minderung der Dienste und zum Verbot des
Bauernlegens, zusammengefaßt als Bauernschutzpolitik bezeichnet, wurden nämlich von den adligen Gutsherren kaum
zur Kenntnis genommen oder sogar mit dem Argument
zurückgewiesen, daß die volle Mitarbeit des Adels im Heerwesen gefährdet sei, wenn er sich mehr um seine Güter zu
kümmern habe. Lediglich die staatlichen Domänen hielten
sich an die Anweisungen. Die Geistlichen und die Religion
behandelt Friedrich als Nebensache, von einem Herrschafts-
verständnis aus Gottes Gnaden und dem daraus abgelei-
teten Verantwortungsgefühl gegenüber dem wahren Glauben, wie es unter seinem Vater noch deutlich zu spüren
war, ist nichts mehr geblieben. Friedrichs Toleranzver-
ständnis kann aber nicht nur als völlig uneigennützig an-
gesehen werden. Seine Neutralität gegenüber allen christlichen Religionen dient gleichzeitig der Bevölkerungs- und
Wirtschaftspolitik, indem die preußischen Provinzen allen
religiös Verfolgten als Zufluchtsstätte offenstehen.

Im Abschnitt über die Selbstregierung erläutert Friedrich
sein »fest gefügtes System«, das nur vom Regenten selbst

aufgestellt und ausgeführt werden kann, weil die Gehilfen auch andere Interessen als die des Staates im Kopf haben. Das heißt aber auch, daß nur er in der Lage ist, Staatsinteressen zu formulieren und interpretieren. Die Beurteilung seiner Bürokratie fällt nicht gerade günstig aus. Der Adel ist dem Bürgerlichen, der Offizier dem Emporkömmling in der Beamtenlaufbahn vorzuziehen. Im Generaldirektorium möchte er gern Leute von Verstand sehen, auch wenn sie nicht ganz ehrlich sind; dumme, aber ehrliche Beamte sind dort nicht zu gebrauchen.

Das große Bild, das Friedrich in dem Abschnitt über die Außenpolitik von den europäischen Mächten entwirft, gibt den Hintergrund ab, auf dem die preußischen Interessen zu sehen sind. Mit einer erstaunlichen Selbstsicherheit skizziert Friedrich die anderen Mächte in einem System des Gleichgewichts, in dem nur der preußischen Politik ein dynamischer Zug anzuhaften scheint. Wenn günstige Konjunkturen eintreten sollten, muß der Herrscher in der Lage sein, seine Pläne rasch und entschieden durchzuführen. Worum es sich dabei handeln kann, beschreibt der Abschnitt ›Politische Träumereien‹. Der Aufmarschplan, den Friedrich hier für Sachsen entwirft, wird wenige Jahre später, wenn auch nicht in allen Einzelheiten, durchgeführt. Die weiteren Ausführungen dienen alle dem »Endziel«, Preußen groß und mächtig zu machen. Dafür ist dem »Roi Connetable« eine straffe Heeresorganisation unerläßlich, die er wiederum bis in alle Einzelheiten analysiert und beschreibt, denn nur mit einem gut funktionierenden militärischen Instrument können diese Ziele ins Auge gefaßt werden.

In dem *Testament von 1768* hält Friedrich zwar an seinem Programm der Vergrößerung Preußens fest, die vordringlichste Aufgabe sieht er jedoch jetzt in der Selbstbehauptung des Staates. Im Mittelpunkt stehen nun nicht mehr genaue Angaben über die innenpolitische Entwicklung, an der weiter festgehalten wird, sondern die militärischen und politischen Lehren des Siebenjährigen Kriegs. Das Heerwesen rückt in seiner Bedeutung an die zweite Stelle, und die Beurteilung der europäischen Mächte im außenpolitischen Teil erfährt eine starke Gewichtsverlagerung. Als Großmächte erscheinen jetzt neben Frankreich und England auch Österreich und Rußland, Preußen und die anderen Staaten gehören nicht zu diesem Kreis. Aber zwischen Preußen als zweitrangiger Macht und den anderen europäischen Staaten besteht dennoch ein machtpolitisches Gefälle. Friedrichs hartes Urteil über Preußen als Subsidienempfänger aus dem Jahr 1752 muß er nun fallen lassen, denn er hatte Gelder aus London angenommen und zahlte seit 1764 selbst an Rußland. Auch Friedrichs Einschätzung über Preußens Rolle im Reich hat sich geändert. Da Friedrich den Zerfall prophezeit, kann nur Preußen in der Rivalität mit Österreich die ordnende Macht im Norden werden. Die Peuplierungspolitik, die er 1752 noch nicht erwähnte und der nun die Wirtschaftspolitik, die Manufakturen und die Kolonisation zu dienen haben, kennzeichnet seine Sorge um die Bevölkerung seiner Provinzen. Doch an dem undurchlässigen System der ständischen Gliederung wagt er nicht zu rütteln, und sein Skeptizismus und Mißtrauen gegenüber einzelnen Gruppen und den Leistungen seiner Untertanen haben sich nicht gelegt. Resignierend stellt er fest: »Unser Volk ist schwerfällig und träge.« Das Gemeinwohl zitiert Friedrich nun häufiger, aber das noch überlegtere und sorgfältigere Wirtschaften und die immer schärfer werdenden inneren Anspannungen haben doch nur ein Ziel: die ständige Kriegsbereitschaft. »Ein König von Preußen muß sich dauernd auf einen nahen Kriegsausbruch gefaßt machen. Er muß sich die zerstreute Lage seiner Provinzen und die Macht seiner Nachbarn in lebhaften Farben ausmalen.« – »Toujours en vedette«, so umschreibt es Friedrich im Jahr 1776.[53]

Zusammenfassung

Alle Aussagen Friedrichs des Großen sind von einem ständigen Mißtrauen gegenüber seinen Nachbarn gekennzeichnet. Das daraus resultierende Feindbild führt zu einem Krisenbewußtsein, das permanent ins Feld geführt wird, um das System des preußischen Militärstaates zu rechtfertigen und zu stabilisieren. Zwei Drittel des gesamten Staatshaushalts wurden jährlich für den Unterhalt und den Ausbau des Militärapparates ausgegeben, der Preußen in allen sozial- und gesellschaftspolitischen Bereichen seinen Stempel aufdrückte. Preußen, das in der Bevölkerungszahl in Europa an 13. Stelle stand und in der Fläche den 10. Rang einnahm, rangierte bereits 1740 mit seiner Militärmacht an 3. oder 4. Stelle.[54] Nach Friedrichs eigenen Angaben zählte das stehende Heer 1752 136 000 Mann bei einer Bevölkerungszahl von 5 Millionen, 1768 beziffert er es auf 154 000, die jedoch um weitere 10 000 vermehrt werden sollen, bei einer Gesamteinwohnerzahl von 4,5 Millionen. Sein eigentlicher Wunsch galt einer Armee von 180 000 Mann in Friedenszeiten. Sein Vater vergrößerte die Armee von 40 000 Mann im Jahre 1713 auf 81 000 im Jahr seines Todes.[55]

Das Ziel der Streitmacht war ihr durch das »Programm des Königs«, die Vergrößerung der Monarchie, vorgegeben. Preußen sollte zu einer der größten Mächte Europas werden, eine Politik, die die konsequente Fortsetzung dessen bedeutete, was Friedrich in dem *Natzmer-Brief,* seinem »Jugendprogramm«[56], schon durchblicken ließ. Als Begründung für seine Eroberungspolitik muß in allen seinen »programmatischen Schriften«[57] immer wieder das Argument von der Abrundung des Staates herhalten, einer Redewendung, die jeglicher Interpretation offensteht, wenn man an das abgelegene Ostfriesland denkt. Lediglich 1768 zieht Friedrich auch einmal die Möglichkeit des Kaufes in Betracht. Dazu bot sich aber nur Schwedisch-Vorpommern an. Am Ende seiner Regierungszeit gipfelt sein Programm

dennoch bescheidener in der Vision eines norddeutschen
Bundes unter Preußens Führung. Da aber alle Pläne ge-
heimgehalten werden müssen, um im rechten Augenblick
losschlagen zu können, benötigt der Herrscher Rechtfer-
tigungsgründe nach innen und außen. Systematisch wird
das Gefühl des ständigen Bedrohtseins aufgebaut, indem
Friedrich anderen Mächten unterstellt, was er durchzuführen gedenkt. Immer wieder sieht er sich durch die Rivali-
täten der kontinentalen Mächte gezwungen, die Militär-
maschine in Kriegsbereitschaft zu halten.[58]

Allzu selbstverständlich hat sich die Forschung bisher Friedrichs eigenen Erklärungen angeschlossen und gewisse
unliebsame Tatsachen durch die »wunderbare Doppelheit«[59]
seines Wesens harmonisierend verwischt. Die unbedenk-
liche Übernahme der Terminologie Friedrichs führt aber
nur zu weiteren nebulosen und ideologieverdächtigen Formulierungen. Fragt man nun nach der Offenheit der historischen Situation, nach der Alternative, die sich für die Entwicklung des preußischen Staats angeboten hätte, so ist man
nicht nur auf Vermutungen angewiesen und sieht sich keineswegs auf abstrakte gedankliche Konstruktionen beschränkt.
Nicht die häufigen Mahnungen Friedrich Wilhelms I. vor
ungerechten Kriegen in seinem *Testament von 1722* können
als Andeutung für einen anderen Weg gewertet werden,
sondern die *Zweite Ermahnung König Friedrichs I. an seinen Nachfolger* aus dem Jahre 1705. Noch ganz im Sinne
des Gottesgnadentums spricht aus seinen Worten ein Pflicht-
gefühl, das sich gegenüber Land und Leuten verantwortlich
fühlt. Voller Zufriedenheit bemerkt der vielgescholtene
Friedrich I., daß es ihm gelungen sei, in einer Zeit, als alle
Nachbarn Krieg führten und damit ihren Ländern und
Untertanen Schaden, Unglück und Elend brachten, den
Wohlstand seiner Provinzen und deren Einwohner in »stol-
zer Ruhe und vollem Frieden« zu vermehren. Ruhe und
Frieden, Erhaltung und der innere Ausbau sind die zen-
tralen Anliegen, wenn er seinen Nachfolger ermahnt, keinen

Krieg zu beginnen, und daran erinnert, »daß die Waffen
und Armeen zu nichts anders als zu Beibehaltung des Friedens dienen müssen«. Ihm schwebt ein anderes Programm
vor Augen, denn er hinterläßt genug Land, um eine be-
achtliche Rolle unter den europäischen Mächten zu spielen.
»Absonderlich haben seine Lbdn [Liebden], vor allen denen
sich zu hüten, die aus bloßer Regiersucht, und umb nur mehr
Land und Leute zu erwerben oder auch durch viel Kriegs-
Actiones Gloire und einen großen Namen in der Welt zu
erlangen, dieselbe zum Krieg und Ergreifung der Waffen
bewegen wollen.«[60]

Wenn sich die Staatsauffassung unter Friedrich I. und Friedrich Wilhelm I. als absolutistisch-patrimonial charakterisieren läßt und das persönliche Verantwortungsgefühl beider Herrscher seine Kraft aus der christlichen Religion
schöpft, so hat sich das zweifellos unter Friedrich gewan-
delt; denn er fühlt sich nicht mehr der Religion, für die er
nur abfällige Worte übrig hat, verpflichtet. In einer anscheinend abstrakten Sphäre angesiedelt, wird der Staat
als säkularisierte Institution verstanden, der sowohl das
Volk als auch der Herrscher zu dienen haben.[61] Durch die
Ableitung des Staates aus einem Staats- und Herrschafts-
vertrag, in dem das Volk dem Herrscher alle Macht über-
antwortet hat, fühlt sich Friedrich als »erster Diener« legi-
timiert und kann alle Maßnahmen für das Gemeinwohl
treffen. Doch wer interpretiert das Gemeinwohl, wer allein
kann die Staatsinteressen inhaltlich definieren, aus wessen
Kopf können Systeme erwachsen? Steht der Staat denn
wirklich auch gebieterisch über dem Herrscher? In Wirklichkeit gibt es wohl keinen Unterschied. Staat und Herrscher sind identisch. Staatsräson, Staatsinteressen, Staatsnotwendigkeit und Beurteilung der Zwangslagen sind nur
Behelfskonstruktionen, mit denen Friedrich ein entperso-
nalisiertes Höheres dachte, es aber dann den Ergebnissen
seines Denkens und seiner Vorstellungen unterwarf. Die

realen Gegebenheiten wurden dadurch eher verschleiert als aufgehellt.

Doch – so wird man einwenden – konnte Friedrich sein System gegen die Interessen der Bevölkerung durchsetzen? Gab es unter dem Großen Kurfürsten und Friedrich Wilhelm I. noch Schwierigkeiten in der Auseinandersetzung zwischen Herrscher und Adel, so war dieser unter Friedrich II. domestiziert und vollauf in das System integriert. Im privaten Bereich als Gutsherren kamen dem Adel die Steuerfreiheit und Bauernabhängigkeit zugute, im militärischen Bereich konnten sie ihre elitäre Stellung als Offiziere ausbauen und sich als Regimentsführer sogar bereichern. Der Adel konnte kein Interesse daran haben, daß sich an diesem System etwas änderte.[62] Die Schicht der Bauern mußte sich schon während der Herausbildung der ostdeutschen Gutsherrschaft und verstärkt unter dem Großen Kurfürsten in eine Abhängigkeit fügen, die man mit einer zweiten Leibeigenschaft mit allen wirtschaftlichen, sozialen und psychologischen Konsequenzen gleichsetzen kann. Der gängige Ausspruch »Stadtluft macht frei« galt seit langem nicht mehr. Nach der Blütezeit im 14. Jahrhundert erfolgte ein wirtschaftlicher Niedergang der Städte, der durch die ungeheuren Belastungen in den Kriegen noch verschärft und durch die Niederlage in den Auseinandersetzungen mit den fürstlichen Gewalten endgültig besiegelt wurde.

In diesem starren Gefüge von Herrschafts- und Sozialsystem, in dem fast alle Maßnahmen ausschließlich der Konsolidierung der bestehenden Verhältnisse galten, blieb notwendigerweise kein Spielraum für eine Eigenentwicklung. Diesem geschlossenen System, dem nur daran gelegen war, alle gesellschaftspolitischen Bereiche den Zielen des Militärstaates unterzuordnen, konnte Flexibilität und Mobilität nur eine innenpolitische Gefährdung bedeuten. Konservierung und Stillstand gingen Hand in Hand. Alle Anordnungen der Krone ließen sich auf einen gemeinsamen Nenner bringen, Erweiterung und Stärkung aller Machtmittel des Staates, der ihn tragenden Adelsschicht und der Krone.

Auch wenn in gewissen Bereichen für die materielle Wohlfahrt der Bevölkerung gesorgt wurde, so ging es doch hauptsächlich darum, die innere Ruhe und den Steuerzuwachs zu garantieren. Das Militär stellte gerade auch im innenpolitischen Bereich einen Stabilisierungsfaktor dar, der im Interesse der davon profitierenden Adelsschicht die Verhältnisse konservierte. Häufiger, als man bisher annahm, wurden die Soldaten gegen unzufriedene Elemente im Innern eingesetzt. Die gesamte friderizianische Staatswirtschaft, die – von rein fiskalischen Gesichtspunkten gesteuert – als eine unter dem Namen Kameralismus bekannte Sonderform des westeuropäischen Merkantilismus zu gelten hat, wirkte in ihren protektionistischen und interventionistischen Eingriffen eher hemmend als fördernd auf frühkapitalistische Wirtschaftsformen, zumal die Entscheidungen über Subventionen und Prioritäten oder auch über Gewerbebeschränkungen in der Hand weniger lagen. Selbst in der Handelspolitik führte Friedrich einen permanenten Krieg, teilweise gegen die eigenen Provinzen des Staates, allein unter dem Gesichtspunkt, die Einnahmen zu vermehren. Doch war ihm sehr an einer aktiven Außenhandelsbilanz gelegen, die durch Einfuhrverbote und hohe Zölle erreicht wurde. Diese Beschränkungen sollten gleichzeitig einen Anreiz zu eigener Herstellung verschiedener Waren bilden, um möglichst unabhängig von den ausländischen Angeboten zu werden.

Die Testamente Friedrichs des Großen gehören zu den Schlüsseldokumenten in den programmatischen Schriften des Königs und vermitteln wie keine anderen Quellen ein deutliches Bild von einem rational durchkonstruierten Staat des späten Absolutismus. Das durch Rationalisierung und Disziplinierung gekennzeichnete System bedurfte sowohl der Konzentration aller innenpolitischen Kräfte, um seine Schlagkraft nach außen zu bewahren, als auch der

Fiktion einer permanenten Bedrohung von außen, um im Innern mit seinen Maßnahmen glaubhaft zu wirken. Daß Friedrich dabei auf eine schon in diese Richtung zielende Entwicklung des preußischen Staats zurückgreifen konnte, erleichterte ihm seine Aufgabe. Doch der Absolutheitsanspruch kann über die Mängel und Fehler nicht hinwegtäuschen.

In Preußen wurde die feudale Gesellschaftsstruktur stabilisiert, selbst für bescheidene Reformen, die auch in einem Staat mit stark konservativen Grundzügen möglich sein sollten, war kein Raum vorhanden. Obwohl dem alternden König, der wahrlich »kein sozialer Reformator«[63] war, langsam die Einsicht kam, daß es seinem autokratischen Staat an Kraft zur Entwicklung und Erneuerung mangelte, hielt das Bündnis Krone und Adel an den für sie vorteilhaften erstarrten Formen fest.

Eckhard Most

Anmerkungen

Das Testament Friedrichs des Großen aus dem Jahr 1768 wird nach der von G. B. Volz eingeleiteten und von F. v. Oppeln-Bronikowski übersetzten Ausgabe von 1922 zitiert. Die Zitate und Paraphrasierungen des Testamentes von 1752 sind in den Anmerkungen nicht aufgenommen.

1. O. Büsch, Militärsystem, S. 138.
2. Friedrich der Große, 1768, S. 190.
3. G. P. Gooch, Friedrich, S. 15.
4. Vgl. C. Hinrichs: Der Regierungsantritt Friedrich Wilhelms I. In: C. H., Preußen als historisches Problem. S. 119 und 122.
   Im folgenden Text wird der Einfachheit halber immer vom König *von* Preußen gesprochen, um eine Aufzählung aller Titel wie König in Preußen, Kurfürst von Brandenburg, Herzog von Kleve usw. zu vermeiden.
5. G. Holmsten, Friedrich II., S. 12, und C. Hinrichs, Preußen als historisches Problem, S. 23, 49 und 88 f.
6. W. Görlitz: Die Junker. Adel und Bauern im deutschen Osten. Limburg 1964. S. 89.
7. Die Politischen Testamente der Hohenzollern, ¹1911, Bd. 1., S. 72.
8. Vgl. ebda., S. 93.
9. Wilhelmine, Markgräfin von Bayreuth: Memoirs. 2 Bde. Braunschweig 1810. Dt. Übersetzung: Leipzig 1920. Vgl. dazu Gooch, S. 250.
10. Briefe, Bd. 1, Friedrich an seinen Vater, 11. 9. 1728, S. 16, dort auch die Antwort Friedrich Wilhelms I. Friedrich an Grumbkow, 26. 1. 1732, S. 28.
11. Ebda., 18. 5. 1740, S. 163.
12. Vgl. Politische Correspondenz Friedrichs des Großen. Hrsg. von R. Koser u. a. 47 Bde. Berlin 1879–1939. Bd. 1, S. 3.
13. Briefe, Bd. 1, 17. 6. 1740, S. 177.
14. Ebda., S. 181.
15. T. Carlyle: Geschichte Friedrichs des Zweiten, genannt der Große. Hrsg. und bearb. von G. Dietrich. 6 Bde. Meersburg 1928. Bd. 3, S. 107.
16. Briefe, Bd. 1, 16. 12. 1740, S. 184.

17. Ebda., an Podewils, 27. 4. 1745, S. 221.

18. Ebda., an Jordan, 3. 3. 1741, S. 187.

19. ›Geschichte meiner Zeit‹, Gesammelte Werke, Bd. 2, S. 63.

20. Vgl. R. Koser, Geschichte, Bd. 1, S. 405.

21. Briefe, Bd. 1, an Podewils, 25. 4. 1745, S. 221.

22. G. Ritter, Friedrich, ³1954, S. 225.

23. Ebda., S. 96.

24. Dazu S. Skalweit: Frankreich und Friedrich der Große. Bonn 1952 (Bonner Historische Forschungen Bd. 1). S. 66–100; und M. Schlenke: England und das Friderizianische Preußen 1740–1763. Freiburg und München 1963. S. 171–265.

25. E. Bosbach, Rêveries, S. 37.

26. Briefe, Bd. 1, an August Wilhelm, 12. 8. 1756, S. 306.

27. Briefe, Bd. 2, an Amalie, 25. 3. 1757, S. 14.

28. Vgl. dazu die vorsichtigen Formulierungen O. Hintzes, Die Hohenzollern, S. 362; ders., Testament von 1768, S. 458 ff., und ders., Geist und Epochen der preußischen Geschichte, S. 18: »aber daran ist kein Zweifel: wenn die Sache des Königs besser gegangen wäre, wenn er einen eklatanten Sieg errungen hätte, so hätte er Sachsen beim Friedensschluß gefordert und wahrscheinlich auch erhalten«.
Zitat: Friedrich der Große, 1768, S. 210.

29. Briefe, Bd. 2, 12. 8. 1759, S. 52.

30. E. Marcks: Männer und Zeiten. Aufsätze und Reden zur neueren Geschichte. Bd. 1. Stuttgart und Berlin ⁷1942. ›Die Nachwirkungen Friedrichs des Großen‹, S. 197.

31. Vgl. J. Schultze: Die Mark Brandenburg. Bd. 5. Berlin 1969. S. 81.

32. Friedrich der Große, 1768, S. 192 und 120.

33. G. P. Gooch, Friedrich, S. 93.

34. G. Holmsten, Friedrich II., S. 159.

35. G. P. Gooch, Friedrich, S. 324.

36. In diesem Zusammenhang möchte man E. Marcks (wie Anm. 30), ›Das Königtum der großen Hohenzollern‹, S. 150, recht geben, der das Wachstum nicht »aus bloßen geographischen Gründen« ableiten will. Er sieht im »Herrscherhaus und seine[n] Persönlichkeiten« (S. 151) die eigentlichen Triebfedern. Dann würde aber sicherlich auch zutreffen, was W. Platzhoff (Geschichte des europäischen Staatensystems 1559 bis 1660. München u. Berlin 1928. S. 12) für die frühe Zeit über

die »schrankenlose Eroberungspolitik« sagt: »Ad majorem gloriam des Herrscherhauses werden Länder unter einem Zepter vereinigt, die räumlich voneinander getrennt liegen, die jedes organischen Zusammenhangs entbehren und keine gemeinsamen, oft sogar widerstreitende Interessen haben.«

37. Schreiben des Kronprinzen Friedrich an den Kammerjunker von Natzmer, Gesammelte Werke, Bd. 7, S. 197–199.

38. Die Politischen Testamente der Hohenzollern, Bd. 1, ¹1911, S. 75.

39. Antimachiavell, Gesammelte Werke, Bd. 7, S. 113.

40. G. P. Gooch, Friedrich, S. 331.

41. F. Meinecke, Staatsräson, S. 334.

42. Briefe, Bd. 1, S. 181.

43. Denkwürdigkeiten (1742), Gesammelte Werke, Bd. 2, S. 2 f.

44. G. Ritter, Friedrich der Große, ³1954, S. 83.

45. Der »Entwurf« ist abgedruckt in: Die Politischen Testamente der Hohenzollern, Bd. 1, 2. Aufl., S. 70–78; vgl. dazu P. Haake: Zur Datierung des Entwurfs zur Eroberung Schlesiens. In: Historische Zeitschrift 153 (1936) S. 318–322.

46. Gesammelte Werke, Bd. 1, S. 54, 86, 103, 105, 117. Zitat auf S. 99.

47. W. Hubatsch: Das Problem der Staatsräson bei Friedrich dem Großen. Göttingen 1956. S. 12.

48. Vgl. dazu W. Hassinger: Das politische Testament Richelieus. In: Historische Zeitschrift 173 (1952) S. 485–503.

49. Vgl. F. Hartung, Der deutsche Territorialstaat des 16. und 17. Jahrhunderts nach den fürstlichen Testamenten. In: Volk und Staat. S. 94–111.

50. Zusammenfassend über die Gründe, die seit Ranke gegen eine vollständige Veröffentlichung sprachen, O. Hintze, Friedrich der Große [...] und das Politische Testament von 1768, 448–455.

51. Dazu Hintze, Das Politische Testament [...] 1752, S. 429, und E. Bosbach, Rêveries, S. 35.

52. Vgl. O. Hintze, Friedrich der Große [...] und das Politische Testament von 1768, S. 457.

53. Deutsche Übersetzung in: ›Abriß der preußischen Regierung und der Grundsätze, auf denen sie beruht, nebst einigen politischen Betrachtungen‹ 1776. Gesammelte Werke, Bd. 7, S. 216; vorhergehendes Zitat: Friedrich der Große, 1768, S. 139.

54. O. Büsch, Militärsystem, S. 2.
55. Vgl. die Angaben über die Stärke der Armee unter Friedrich Wilhelm bei C. Hinrichs, Preußen als historisches Problem, S. 49.
56. G. B. Volz, Einleitung, Friedrich der Große, Die Politischen Testamente, 1922, S. 8.
57. G. Holmsten, Friedrich II., S. 80, nennt das Testament von 1752 eine »programmatische Abhandlung«. In einem anderen Zusammenhang bezeichnet C. Hinrichs, Preußen als historisches Problem, S. 136, das Testament von 1722 als ein »durchdachtes politisches Programm«, in dem der Regierungswechsel 1713 zum Angelpunkt in der Entwicklung Preußens zum Absolutismus gesehen wird.
58. Wenn O. Hintze, Staatsverfassung, S. 55, 58, 69 und bes. S. 71 den »absolutistischen Militärstaat« im Gegensatz zum britischen Inselreich als Produkt der »beständigen Rivalität« auf dem Kontinent bezeichnet, so umgeht er die Tatsache, daß Preußen mit seinem Programm in die Auseinandersetzung der Großmächte bewußt eingriff. Auch in seinem Aufsatz »Machtpolitik und Regierungsverfassung« (in: Staat und Verfassung, S. 424–456) sieht er in Friedrichs Vorgehen immer nur eine Folge, also ein Reagieren, auf Umstände, die durch die geographische Lage gegeben sind. Die Frage, ob die Fiktion der Bedrohung aus innenpolitischen Gründen aufrechterhalten werden muß, wenn der äußere Druck nachläßt, taucht bei ihm nicht auf.
59. G. Ritter, Friedrich der Große, ³1954, S. 56. C. Hinrichs, Preußen als historisches Problem, S. 195, sieht das »unheilvolle Doppelleben« bereits in den Jugendjahren Friedrichs.
60. Die Politischen Testamente der Hohenzollern, Bd. 1, ²1919, S. 88–93; Zitat S. 92.
61. O. Hintze, Das Politische Testament [. . .] 1752, S. 432: »alles lebt und arbeitet für den Staat«.
62. Vgl. O. Büsch, Militärsystem, und G. Birtsch: Zur sozialen und politischen Rolle des deutschen, vornehmlich preußischen Adels am Ende des 18. Jahrhunderts, in: Der Adel vor der Revolution, eingel. und hrsg. von R. Vierhaus, Göttingen 1971, S. 77–95.
63. O. Hintze, Das Politische Testament [. . .] 1752, S. 443.

Literaturhinweise

Zusammengestellt von Manfred Schlenke

Quellen

Œuvres de Frédéric le Grand. 31 Bde. Hrsg. von J. D. E. Preuß. Berlin 1846–57.

Politische Correspondenz. 47 Bde. Hrsg. von R. Koser [u. a.]. Berlin 1879–1939.

Die Politischen Testamente der Hohenzollern nebst ergänzenden Aktenstücken. Hrsg. von G. Küntzel und M. Haas. Bd. 1. Leipzig/Berlin 1911. 2., erw. Aufl. 1919.

Die Werke Friedrichs des Großen. In deutscher Übersetzung. Mit Illustrationen von A. v. Menzel. 10 Bde. Hrsg. von G. B. Volz. Deutsch von F. v. Oppeln-Bronikowski [u. a.]. Berlin 1912–14. [Zit. als: Gesammelte Werke.]

Die Briefe Friedrichs des Großen. 2 Bde. Hrsg. von M. Hein. Berlin 1914.

Friedrich der Große: Die Politischen Testamente. Übers. von F. v. Oppeln-Bronikowski und eingel. von G. B. Volz. In: Klassiker der Politik. Bd. 5. Hrsg. von F. Meinecke und H. Oncken. Berlin 1922. München ³1941.

Friedrich der Große im Spiegel seiner Zeit. 3 Bde. Hrsg. von G. B. Volz. Berlin [1926].

Die Briefe Friedrichs des Großen an seinen vormaligen Kammerdiener Fredersdorf. Hrsg. von J. Richter. Berlin-Grunewald 1926. Unveränd. Nachdr. Moers 1979.

Friedrich der Große: Briefe und Schriften. 2 Bde. Hrsg. von R. Fester. Leipzig [1927].

Die Politischen Testamente der Hohenzollern. Hrsg. von R. Dietrich. Köln/Wien 1986. (Veröffentlichungen aus den Archiven Preußischer Kulturbesitz. 20.)

Ihr Wintbeutel und Erzschäker. Die Randbemerkungen Friedrichs des Großen. Nach G. Borchardt neu bearb. und erl. durch E. Murawski. Bad Nauheim 1963.

Erscheinungsformen des Preußischen Absolutismus. Verfassung und Verwaltung. Eingel. und zsgest. von P. Baumgart. Germering 1966. (Historische Texte. Neuzeit. [1].)

Friedrich der Große. Person, Zeit, Nachwelt. Zsgest. und komm.
von R. Vocke. Gütersloh 1977. (Geschichte in Lebensbildern.)
Preußen. Ein Lesebuch. Hrsg. von P. Brandt und R. Zilkenat.
Berlin 1981.
Friedrich der Große. [Briefe.] Hrsg. von O. Bardong. Darmstadt
1982. (Ausgewählte Quellen zur deutschen Geschichte der Neu-
zeit. 22.)
Friedrich II., König von Preußen, und die deutsche Literatur des
18. Jahrhunderts. Texte und Dokumente. Hrsg. von H. Steinmetz.
Stuttgart 1985. (Reclams Universal-Bibliothek. 2211 [4].)
W. Hofmann: »Flegels haben Wir genung im lande«. Friedrich der
Große in Zeugnissen, Berichten und Anekdoten. Berlin 1986.
Friedrich der Große und die Philosophie. Texte und Dokumente.
Hrsg. von B. Taureck. Stuttgart 1986. (Reclams Universal-Biblio-
thek. 3772 [2].)
Friedrich der Große. Dem Staate dienen. Hrsg. von U. Greve.
Husum 1986.

Literatur

Aretin, K. O. v. (Hrsg.): Der aufgeklärte Absolutismus. Köln 1974.
– Friedrich der Große. Größe und Grenzen des Preußenkönigs.
  Freiburg i. Br. 1985.
Augstein, R.: Preußens Friedrich und die Deutschen. Frankfurt
  a. M. 1969. Erw. Tb.-Ausg. 1981. (Fischer Taschenbuch. 5088.)
  Neuausg. Nördlingen 1986.
Bachmann, P. / Knoth, J. (Hrsg.): Preußen. Legende und Wirklich-
  keit. Berlin 1983.
Baumgart, P. (Hrsg.): Expansion und Integration. Zur Eingliede-
  rung neugewonnener Gebiete in den preußischen Staat. Köln/
  Wien 1984.
Benninghoven, F. / Börsch-Supan, H. / Gundermann, J. (Hrsg.):
  Friedrich der Große. Ausstellung des Geheimen Staatsarchivs
  Preußischer Kulturbesitz anläßlich des 200. Todestages König
  Friedrichs II. von Preußen. Berlin 1986.
Berney, A.: Friedrich der Große. Entwicklungsgeschichte eines
  Staatsmannes. Tübingen 1934.
Bethke, E. (Hrsg.): Friedrich der Große. Herrscher zwischen Tradi-
  tion und Fortschritt. Gütersloh 1985.
Born, K. E.: Der Wandel des Friedrich-Bildes in Deutschland wäh-
  rend des 19. Jahrhunderts. Diss. Köln 1953.

Born, K. E.: Wirtschaft und Gesellschaft im Denken Friedrichs des Großen. Mainz/Wiesbaden 1979.

Bosbach, E.: Die »Rêveries Politiques« in Friedrichs des Großen Politischem Testament von 1752. Köln/Graz 1960 (Kölner Historische Abhandlungen. 3.)

Büsch, O.: Militärsystem und Sozialleben im Alten Preußen 1713–1807. Berlin 1962. (Veröffentlichungen der Berliner Historischen Kommission. 7.)

Büsch, O. / Neugebauer, W. (Hrsg.): Moderne Preußische Geschichte. 3 Bde. Berlin / New York 1981.

Bußmann, W.: Friedrich der Große im Wandel des europäischen Urteils. In: W. B.: Wandel und Kontinuität in Politik und Geschichte. Ausgewählte Aufsätze. Boppard 1973. S. 255–288.

Dietrich, R.: Kleine Geschichte Preußens. Berlin 1966.

Diwald, H.: Heros wider Willen. Friedrich II. In: Friedrich Wilhelm Prinz von Preußen (Hrsg.): Preußens Könige. Gütersloh/Wien 1971. S. 72–105.

Dollinger, H.: Friedrich II. von Preußen. Sein Bild im Wandel von zwei Jahrhunderten. München 1986.

Duffy, Ch.: Friedrich der Große. Ein Soldatenleben. Zürich/Köln 1986.

Feuchtwanger, E. J.: Preußen. Mythos und Realität. Frankfurt a. M. 1972. Neuaufl. 1978.

Gaxotte, P.: Friedrich der Große. Eine Biographie mit 130 Bilddokumenten. Erw. und bearb. Fass. der Übers. von H. Dühring. Frankfurt a. M. / Berlin / Wien 1981. Neuaufl. 1986. (Ullstein Bücher. 27543.)

Generaldirektion der Staatlichen Schlösser und Gärten Potsdam-Sanssouci (Hrsg.): Friedrich II. und die Kunst. Ausstellung zum 200. Todestag. 2 Tle. Potsdam 1986.

Giersberg, H.-J.: Friedrich als Bauherr. Berlin 1986.

Gooch, G. P.: Frederick the Great. London 1947. Dt.: Friedrich der Große. Herrscher, Schriftsteller, Mensch. Mit einem Geleitw. von W. Andreas. Frankfurt a. M. / Hamburg 1964. (Fischer Bücherei. 637/638.)

Groehler, O.: Die Kriege Friedrichs II. Berlin [4]1986.

Haffner, S.: Preußen ohne Legende. Hamburg [3]1979.

Hartung, F.: Die Politischen Testamente der Hohenzollern. In: Forschungen zur Brandenburgischen und Preußischen Geschichte 25 (1913) S. 1–31. Wiederabgedr. in: F. H.: Volk und Staat in der deutschen Geschichte. Gesammelte Abhandlungen. Leipzig 1940. S. 112–148.

Hartung, F: Der deutsche Territorialstaat des 16. und 17. Jahrhunderts nach den fürstlichen Testamenten. In: F. H.: Volk und Staat in der deutschen Geschichte. S. 94–111.

– Der aufgeklärte Absolutismus. In: Historische Zeitschrift 180 (1955). Wiederabgedr. in: F. H.: Staatsbildende Kräfte der Neuzeit. Gesammelte Aufsätze. Berlin 1961. S. 149–177.

– Studien zur Geschichte der preußischen Verwaltung. In: F. H.: Staatsbildende Kräfte der Neuzeit. S. 178–344.

Heinrich, G.: Geschichtè Preußens. Berlin 1981.

Hinrichs, C.: Preußen als historisches Problem. Hrsg. von G. Oestreich. Berlin 1964. (Veröffentlichungen der Historischen Kommission zu Berlin. 10.)

Hintze, O.: Das Politische Testament Friedrichs des Großen von 1752 (1904). In: O. H.: Gesammelte Abhandlungen. Hrsg. und eingel. von G. Oestreich. Bd. 3: Regierung und Verwaltung. Göttingen ²1967. S. 429–447.

– Geist und Epochen der preußischen Geschichte (1903). In: O. H.: Gesammelte Abhandlungen. Bd. 3. S. 1–29.

– Friedrich der Große nach dem Siebenjährigen Kriege und das Politische Testament von 1768. In: Forschungen zur Brandenburgischen und Preußischen Geschichte 32 (1920) S. 1–56. Wiederabgedr. in: O. H.: Gesammelte Abhandlungen. Bd. 3. S. 448–503.

– Staatsverfassung und Heeresverfassung (1906). In: O. H.: Gesammelte Abhandlungen. Bd. 1: Staat und Verfassung. Göttingen ³1970. S. 52–83.

– Die Hohenzollern und ihr Werk. Berlin 1915. Neudr. der 5. Aufl. Moers 1979.

Holmsten, G.: Friedrich II. in Selbstzeugnissen und Bilddokumenten. Reinbek bei Hamburg 1969 (rororo monographien. 159.)

Hubatsch, W.: Friedrich der Große und die preußische Verwaltung. Köln/Berlin 1973.

– (Hrsg.): Absolutismus. Darmstadt 1973.

Koser, R.: Geschichte Friedrichs des Großen. 4 Bde. Berlin ⁶/⁷1921 bis 1926. Photomechan. Nachdr. Darmstadt 1963.

Krockow, Ch. v. / Jürgens, K.-H.: Friedrich der Große. Lebensbilder. Bergisch Gladbach 1986.

Leuschner, H.: Friedrich der Große. Zeit, Person, Wirkung. Mit einem Essay von K. E. Born. Gütersloh 1986.

Meinecke, F.: Die Idee der Staatsräson in der neueren Geschichte. Hrsg. und eingel. von W. Hofer, München/Wien [4]1976. (F. M.: Werke. Bd. 1.)

Mitford, N.: Friedrich der Große. Biographie mit zahlreichen Abbildungen. Übers. von E. W. Graf Lynar. Frankfurt a. M. 1976. (Fischer Taschenbuch. 1804.)

Mittenzwei, I.: Friedrich II. von Preußen. Eine Biographie. 3., überarb. Aufl. Köln 1983.

– Preußen nach dem Siebenjährigen Krieg. Berlin 1979.

Möller, H.: Aufklärung in Preußen. Der Verleger, Publizist und Geschichtsschreiber Friedrich Nicolai. Berlin 1974.

Netzer, H.-J. (Hrsg.): Preußen. Portrait einer politischen Kultur. München 1968.

Pangels, Ch.: Friedrich der Große. Bruder, Freund und König. München 1979.

Preußen – Versuch einer Bilanz. Katalog der Berliner Preußen-Ausstellung. 5 Bde. Reinbek bei Hamburg 1981.

Reiners, L.: Friedrich. München 1952. Neuaufl. 1980.

Ritter, G.: Friedrich der Große. Leipzig 1936. Heidelberg [3]1954.

– Staatskunst und Kriegshandwerk. Bd. 1. München 1954. [3]1965.

Rosenberg, H.: Bureaucracy, Aristocracy and Autocracy. The Prussian Experience 1660–1815. Cambridge (Mass.) 1958. Nachdr. Boston 1966.

Scheuner, U.: Der Staatsgedanke Preußens. Köln/Graz 1965. (Studien zum Deutschtum im Osten. 2.)

Schieder, Th.: Friedrich der Große. Ein Königtum der Widersprüche. Frankfurt a. M. / Berlin / Wien 1983.

Schlenke, M. (Hrsg.): Preußen. Beiträge einer politischen Kultur. Reinbek bei Hamburg 1981. (Preußen. Versuch einer Bilanz. 2.)

– (Hrsg.): Preußen-Ploetz. Eine historische Bilanz in Daten und Deutungen. Würzburg 1983.

– England und das friderizianische Preußen 1740–1763. Freiburg i. Br. / München 1963.

– (Hrsg.): Preußen. Politik, Kultur, Gesellschaft. 2 Bde. Reinbek bei Hamburg 1986.

Schoeps, H.-J.: Preußen. Geschichte eines Staates. Frankfurt a. M. / Berlin 1966 [u. ö.].

Treue, W. (Hrsg.): Preußens großer König. Leben und Werk Friedrichs des Großen. Eine Ploetz-Biographie. Würzburg 1986.

– Wirtschafts- und Technikgeschichte Preußens. Berlin 1984.

Venohr, W.: Fridericus Rex. Friedrich der Große. Porträt einer
  Doppelnatur. Bergisch Gladbach 1986.
Vogler, G. / Vetter, K.: Preußen von den Anfängen bis zur Reichs-
  gründung. Berlin [6]1979.
Volz, G. B.: Zur Entstehung der Politischen Testamente Friedrichs
  des Großen von 1752 und 1768. In: Forschungen zur Branden-
  burgischen und Preußischen Geschichte 32 (1920) S. 369–384.
Wilmanns, G. (Hrsg.): Friedrich der Große im Urteil der Mit- und
  Nachwelt. Stuttgart 1952. (Quellen- und Arbeitshefte für den
  Geschichtsunterricht auf der Oberstufe der Höheren Schulen.)
Ziechmann, J. (Hrsg.): Panorama der fridericianischen Zeit. Fried-
  rich der Große und seine Epoche. Ein Handbuch. Bremen 1985.

Inhalt

Philosophie
des 16. bis 18. Jahrhunderts

IN RECLAMS UNIVERSAL-BIBLIOTHEK

Francis Bacon, Essays oder praktische und moralische Ratschläge. (E. Schücking / L. L. Schücking) 140 S. UB 8358

Jean Bodin, Über den Staat. (G. Niedhart) 151 S. UB 9812

Giordano Bruno, Über die Ursache, das Prinzip und das Eine. (Ph. Rippel / A. Schmidt) 200 S. UB 5113 – Über das Unendliche, das Universum und die Welten. (Christiane Schultz) 243 S. UB 5114

René Descartes, Abhandlung über die Methode des richtigen Vernunftgebrauchs und der wissenschaftlichen Wahrheitsforschung. (K. Fischer / H. Glockner) 79 S. UB 3767 – Meditationes de Prima Philosophia / Meditationen über die Erste Philosophie. Lat. / Dt. (G. Schmidt) 229 S. UB 2888

Balthasar Gracián, Handorakel und Kunst der Weltklugheit. (A. Schopenhauer / A. Hübscher) 163 S. UB 2771

Thomas Hobbes, Leviathan. Erster und zweiter Teil. (J. P. Mayer / M. Dießelhorst) 327 S. UB 8348

David Hume, Dialoge über natürliche Religion. (N. Hoerster) 159 S. UB 7692 – Eine Untersuchung über den menschlichen Verstand. (H. Herring) 216 S. UB 5489 – Eine Untersuchung über die Prinzipien der Moral. (G. Streminger) 304 S. UB 8231

Immanuel Kant, Anthropologie in pragmatischer Hinsicht. (W. Becker / H. Ebeling) 389 S. UB 7541 – Grundlagen zur Metaphysik der Sitten. (Th. Valentiner / H. Ebeling) 158 S. UB 4507 – Kritik der praktischen Vernunft. (J. Kopper) 272 S. UB 1111 – Kritik der reinen Vernunft. (I. Heidemann) 1011 S. UB 6461 – Kritik der Urteilskraft. (G. Lehmann) 543 S. UB 1026 – Die Metaphysik der Sitten. (H. Ebeling) 408 S. UB 4508 – Prolegomena zu einer jeden künftigen

Metaphysik, die als Wissenschaft wird auftreten können. (R. Malter) 270 S. UB 2468 – Die Religion innerhalb der Grenzen der bloßen Vernunft. (R. Malter) 301 S. UB 1231 – Schriften zur Geschichtsphilosophie. (M. Riedel) 264 S. UB 9694 – Träume eines Geistersehers, erläutert durch Träume der Metaphysik. (R. Malter) 168 S. UB 1320 – Zum ewigen Frieden. Ein philosophischer Entwurf. (R. Malter) 87 S. UB 1501

Kant, Erhard, Hamann, Herder, Lessing, Mendelssohn, Riem, Schiller, Wieland, Was ist Aufklärung? Thesen und Definitionen. (E. Bahr) 85 S. UB 9714

Gottfried Wilhelm Leibniz, Fünf Schriften zur Logik und Metaphysik. (H. Herring) 72 S. UB 1898 – Monadologie Frz./dt. (H. Hecht) 123 S. UB 7853 – Neue Abhandlungen über den menschlichen Verstand. Vorrede und Buch I. (W. Schüßler) 135 S. UB 1899

John Locke, Gedanken über Erziehung. (H. Wohlers) 294 S. UB 6147 – Über die Regierung. (D. Tidow / P. C. Mayer-Tasch) 247 S. UB 9691

Michel de Montaigne, Die Essais. (A. Franz) 400 S. UB 8308

Montesquieu, Vom Geist der Gesetze. (K. Weigand) 442 S. UB 8953

Thomas Morus, Utopia. (E. Jäckel) 192 S. UB 513

Blaise Pascal, Gedanken über die Religion und einige andere Themen. (J.-R. Armogathe / U. Kunzmann) 571 S. UB 1622

Die Philosophie der deutschen Aufklärung. Texte und Darstellung. (R. Ciafardone / R. Specht / N. Hinske) 458 S. UB 8667

Jean-Jacques Rousseau, Abhandlung über den Ursprung und die Grundlagen der Ungleichheit unter den Menschen. (Ph. Rippel) 216 S. UB 1770 – Emile oder Über die Erziehung. (M. Rang) 1030 S. UB 901 – Vom Gesellschaftsvertrag oder Grundsätze des Staatsrechts. (E. Pietzcker / H. Brockard) 239 S. UB 1769

Spinoza, Die Ethik. Lat./Dt. (J. Stern / B. Lakebrink) 757 S. UB 851

Philipp Reclam jun. Stuttgart

Texte zur politischen Theorie

IN RECLAMS UNIVERSAL-BIBLIOTHEK

Philipp Reclam jun. Stuttgart

Geschichte der Philosophie in Text und Darstellung

»Diese Unternehmung besticht durch einen gescheiten Ausweg aus dem Dilemma, in das uns die Einsicht führt, daß es einen unparteiischen Standpunkt vielleicht nur für den lieben Gott gibt. Sie verfügt über eine Konzeption, die die je verschiedene Eigenart der geistigen Standpunkte und Perspektiven schon durch die Kombination der literarischen Gattungen herausstellt. Die Brauchbarkeit für das philosophische Bildungswesen wird dadurch sehr gefördert. Besonders für die neu gestaltete Oberstufe des Gymnasiums, in der dem Fach Philosophie eine besondere Bedeutung zukommt, scheint die Mischung von Text und Darstellung geeignet.
Der Philosophieunterricht, der sich dieses Angebot zunutze macht, stellt die geistespolitischen Kategorien bereit, die für das Verständnis der westlichen Staatstheorien im Fach Gemeinschaftskunde erforderlich sind.«

Eckhard Nordhofen, F. A. Z.

Philipp Reclam jun. Stuttgart